子どもにやる気を起こさせる方法

ドン・ディンクメイヤー
Rudolf Dreikurs
ルドルフ・ドライカース
Don Dinkmeyer
著

柳平 彬
訳

アドラー学派の
実践的
教育メソッド

Encouraging Children to Learn

創元社

子どもにやる気を起こさせる方法　目次

装丁　上野かおる

訳者まえがき

この本は、幼稚園から高校までの幼児、児童、青少年などに、やる気を起こすことの重要性、その意義、やる気を起こさせる具体的方法などを、事例の分析を交えて多面的に説いたものです。

考えてみると、やる気を起こすことが大事なことは誰でも知っているはずです。ところが現実には、やる気をなくした子が大勢います。

これは、本書でも指摘しているように、親や先生が自発的なやる気を起こさせる方法を知らないでいるためともいえます。

しかし、問題は差し迫っています。二人の著者も、アメリカの子どもたちが、厳しい競争状態におかれていることを告発的に述べています。日本の場合も幼稚園、保育所に入る段階から、子どもたちは激しい選別、差別にさらされ、社会問題にさえなっています。

このような状況のもとでは、子どもの自発的かつ建設的なやる気を起こすことが非常に大切であることは明らかです。しかし、この問題に新たな接近を試みようとしないで、善意や誠意や常識だけに頼って対処しようとするなら、子どもたちはつまずき、はじき出され、あるいは飛び出してきた元のシステムへ、機械的に順応するよう強いられることになりかねません。それは、子どもたちにとって、はなはだ迷惑なことではないでしょうか。こうしたやり方で、真の解決が望めるでしょうか。

子どもたちの多くが、まずまずの学校に入り、まずまずの成績で卒業でき、まずまずの就職先が見つかる、とは必ずしも期待できない時代がくれば、何のための啓育*（education）か、という問題が必ず起きてきます。

本書の二人の著者は、子どもの啓育を民主主義と結びつけ、親・先生と子どもは対等な人間関係に立つべきだと述べています。子どもを人間的に自ら成長できる人として尊重するべきだということの考えは、きわめて説得力があります。

しかし、よく考えてみますと、人間的とはいったいどういうことなのか、この点について私たちの間に、どれだけの合意が成り立っているのでしょうか。

やる気を起こすことには、こうした人間観の合意の問題があります。また、個人の視野・規模からだけでなく、社会的視野と規模のもとに解決を図らねばならないという問題もあります。私たちは、お互いに助け合わなければならない社会に生きるものとして、困難ではあるが、やりがいのある、しかも社会的な課題として、人づくりの問題に取り組んでいきたいと思っています。

柳平　彬《さかん》

＊啓育《けいいく》……明治時代にeducationは「教育」と訳されましたが、これは誤訳であると考えています。「教育」とは、「教え育《はぐく》む」ことであり、Teachingに該当します。一方、educationはラテン語の語源でex（out of）とducere（leadして引き出すの意味）の合成された言葉で、人の持っている潜在的な力

を引き出すという意味なのです。元東京工業大学・長岡技術科学大学学長の川上正光氏は、educationを「啓発し育《はぐく》む」すなわち「啓育」と訳しています。そこで、誤訳と思しき「教育」の代わりに「啓育」を使用しています。

日本語版への序文

このたび、日本語版への序文を書くことになったのを、大変うれしく思っています。

子どもたちが環境への適応に失敗するのは、心ならずも失敗するのではなく、その子が失敗しようという意図を持っているからです。そしてそれは、やる気をなくすという体験をしたための自然の成り行きなのです。

子どもにやる気を起こさせるのが大切であることは、この本をはじめて出版した当時も明らかではあったのですが、今ではそれが、一段とはっきりしてきています。やる気をなくした子どもを救済する方法としては、やる気を起こすように指導し、実践する以外にありません。

ところが、あいにくなことに、子どもたちが行動、心がまえ、信念などを改めるように方向づけようと思うなら、やる気を起こさせることがきわめて有効であるのに、ほとんどの人は気づいていないのです。やる気を起こさせてみようと努力すれば、子どもの行動を好ましい方向へ変え、成長を促進させる力が必ず手に入ります。

ドン・ディンクメイヤー

やる気を起こさせることは、人間の欠点を直そうとするとき最も有効な方法の一つです。この意義がはじめてはっきりと認められたのは、おそらく神経症の患者たちの治療に際してであったろうと思われます。

そのとき明らかになったことは、不適応（たとえば病気への逃避とか、患者たちが体験した多くの障害や失敗など）は、たいてい、その人たちがやる気をなくしたために起こったのだ、ということです。

もう一つわかったことは、彼らの人格形成をゆがめている欠陥は、そのすべてが、子どもの時代に早くもやる気をくじかれたことに由来する、ということです。

精神医学者が依頼を受けて、子ども時代の欠陥や失敗や不適応などを正し、再適応できるように治療してみて、この事実が特にはっきりしました。

どんな子どもでも、自分はグループの一員として認められているという自信、あるいはまた、グループ生活を立派にやっていく方法も心得ているという自信をくじかれることさえなければ、自分から反社会的な方向へ人生航路をそらそうとするわけがありません。神経症や子どもの不適応問題をこのように説明するのは、アドラー学派*の特徴です。

はじめは、精神医学的治療をすれば、それで片づくと思われた問題が、間もなく自然の成り行きとして、すべての親と先生が、進んで取り上げなければならない問題であると認められるようになりました。

やる気を起こさせるという問題が、精神医学的な治療をすることだけに限られていた時代は過ぎ去って、今や教育上の問題となったのです。

子どもにやる気を起こさせる訓練をしている先生が、このこみ入っていて複雑な問題を、さらに徹底的に研究し、適切な技術を身につけるためには、この問題の手引きが必要なことがわかりました。

そこで、アドラー学派の人たちの間に、そうした手引きを書こうとする機運が生まれ、そして同派の精神医学者や心理学者が執筆に当たったのですが、これは従来のいきさつからして、当然のことでした。

著者の一人は精神医学者で、臨床で得た経験を、共同のプロジェクトであるこの本に持ちこんでいます。もう一人は教員養成の大学に勤務しており、現場の教師の日常の悩みに接して得た、具体的な体験を取り上げています。

教育に携わる者は、精神医学的な治療や、心理療法で使われている精神力学についての知識を、今後ますます取り入れなければならなくなるでしょう。

一方、精神医や臨床医で、子どもの障害の矯正に従事する者は、教育が行なわれている環境、教育が求めているもの、あるいは教育によってできることに、よりいっそう精進しなければならなくなるでしょう。

私たち著者は力を合わせて、精神医学、心理学、および教育学を統一的に把握する見通しを提供しようと努力してみました。

先生が、自分の生徒のために役立てようとして精神力学の使い方を覚えるのは、それで医者や心理セラピストになるためではありません。心理学の知識を持ち、そして特に心理学の裏づけのある矯正法を実行することは、全体としての教育活動を成功させるために、欠くことができないものだからです。

また、その一方で、精神医は自分が行なう「治療」が、医学的というよりも、むしろ教育的な処置であることが非常に多いのに、いずれ気がつくことでしょう。

言い換えれば、先生には、教える学科についての知識とか、教える技術以外にも、身につける必要のあるものが出てきたのです。すなわち、心理学的な知識と、それを活用する技術です。

医師もまた、心理療法が、もともとは一種の学習過程であるのに気づけば、教育技術を身につけざるをえなくなるでしょう。

この本のために、教室における子どもたちの実情についてのレポートを、いくつか選ばせてもらいました。いずれもオレゴン大学と国立教育大学で、子どもたちの教育に当たっている私たちの教え子の提供によるものです。

また、著者の一人、ディンクメイヤー博士が、心理学のコンサルタントを務めているノースブルック第二七地区で、同博士が相談を受けた先生たちの体験から集めさせていただいたものもあります。

やる気を起こさせる活動の現場を、実際に知る機会を与えてくださった、これら先生のみなさんのご協力に、心から感謝しています。

私たち著者は、この本が、先生と親にとって、実際に役立つだけでなく、さらに、心理学と教育学の実践を総合するための踏み石としても役立つことを、心から願う次第です。

ドン・ディンクメイヤー
ルドルフ・ドライカース

＊アルフレッド・アドラー（Alfred Adler 1870–1937）……ウィーン生まれの精神医学者。はじめはフロイトの協力者でしたが、個人心理学を樹立して独立しました。アドラーは、人間は劣等感を補償しようとして、自尊心を高めたいとか、人に優越したいなどの欲求を持つが、この意志が行動の基本的要因であると主張しました。神経症について、フロイトが性的衝動を抑圧するためという説をとったのに対し、アドラーは、自我の動きを重視し、子どもが劣等感の処理に失敗すると劣等コンプレックスを生じ、その程度がひどくなったのが神経症だとしました。アドラーの見解を引き継ぎ、支持するのがアドラー学派で、新フロイト派の心理学者のほか、教育界にも支持者が多くいます。

序章

子どもにやる気を起こさせる方法

親や先生は子どものやる気を失わせている

この本は、はじめから終わりまで「やる気を起こさせること」について書かれています。子どもを指導する方法にはいろいろありますが、やる気を起こさせることほど、広く世に受け入れられ、また奨励されているものは、他にはほとんどないといえます。

子どもを相手に仕事をしている者なら誰でも、「やる気を起こさせること」が、いかに重要であるかを知っています。また、実際に、その人たちは子どもにやる気を起こさせようと努めてもいます。したがって、多くの人たちは、やる気を起こさせることが必要なのは当然すぎるほど当然であって、ことさらそれを強調するまでもないと考えています。しかし、果たして本当にそうなのでしょうか。詳しく検討してみるとわかることですが、親や先生は、やる気を起こさせることがなぜ重要なのかということがよくわかっていないし、また、やる気を起こさせる方法についても、まったくといっていいほど知らないといえます。

親や先生が、子どもにやる気を起こさせようとしている現場を、先入観にとらわれない第三者の立場に立って見ていると、やる気を起こさせる時機を間違えていたり、一生懸命にやる気を起こさせようと努めてはいるのですが、やり方を間違えているため、結局、惨めな失敗に終わっているということがよくわかります。

また、親や先生が、自分たちはやる気を起こさせるための技術や方法を持ち合わせていないことに気づいていないこともしばしばあります。そのために、実際には、子どものやる気を逆にくじいているといった場合も少なくありません。

報酬と罰では本当のやる気は起こらない

子どもを指導するには最も役に立つと多くの人に認められているこの技術（やる気を起こさせること）が、なぜ効果的に使われていないのでしょうか。それは、多くの人が、やる気を起こさせることを、子どもを指導するための補足的手段であるとしか考えていないからです。

このやる気を起こさせる技術は、子どもを指導する場合の中心とならなければならないほど、重要なものなのです。また、本当に子どもにやる気を起こさせることは、それほど簡単なものではなく、非常に複雑で、難しいものである、ということを知る必要があります。

やる気を起こさせるのに、どうして技術が必要なのでしょうか。また、親や先生がそれに疎いのはなぜなのでしょうか。この問題を解明するには、現代社会の特殊性、あるいは現代の子どものおかれている環境をよく理解する必要があります。

子どもを指導するのに使っている、従来からのやり方は、親や先生の権力を使って子どもに報酬と罰を与える方法です。民主主義社会に育った子どもというものは、権力をかさに着て、言うことをきかせようと迫る人に対して、抵抗するのが普通です。

言い換えれば、外部から圧力をかけて、子どもに好ましい行動をとらせようとしても、決してうまくいかないということです。子どもがそんなことはしたくないと、いったん決心したら最後、行儀をよくし、勉強をし、何かに専念するように「させる」ことは、まずもってできないことです。

つまり、外部から圧力をかけるのをやめて、当人がやってみようと思い立つように仕向けるのが大切なのです。

報酬と罰とでは、この内側からの気持ちがわいてきません。たとえわいてきたとしても長続きはしないから、報酬と罰とを絶えず繰り返すことが必要になってきます。これでは、自分からやる気を起こしたことにはなりません。

子どもというものは、自らやってみようという気持ちになり、そして、正しい方向に踏み出しさえすれば、外部から何も力を加えなくても、そのまま行動を続けようとするのです。

子どもはなぜ間違った方向へ進むのか

しかし、なぜ子どもは間違った方向へ進むのでしょうか。なぜ、やるべきことをやらないのでしょうか。やる気を起こさせることの意義を理解するには、これらのことを解き明かす必要があります。

上は国家から、地域社会、学校、そして家庭に至るまで、独裁的な支配が弱まるにつれ、人間は誰でも自分のことは自分で決めるようになります。この自己決定は、民主主義の基本なのです。

今の子どもは、どの子もこの自己決定の権利を持っており、またそれを存分に行使しています。親や先生は、子どものふるまいにしばしば驚きあきれたり、当惑したりしていますが、もはや意のままに子どもを抑えつけられないことを知っているのです。

子どもが何かをしようと決めるとき、主によりどころにするのは、自分の考えであったり、あるいは自分自身や他人についてのイメージであったり、あるいは仲間から高く評価されるためにはどうすればよいか、といったことです。

子どもは自分の望みをとげようと努力している途中で、やる気をくじかれるようなことがなければ、割合に健全な手段をとるものです。しかし、自分にはどうもうまくやれそうもない、と自信をなくしてしまうようなことになると、そのことをあきらめてしまい、まったく別の脇道へそれてしまうものです。つまり、自分自身と自分の能力に対して自信を失うことが、やる気をなくす真の原因なのです。

今の社会には、やる気をなくす機会が、数多くはびこっています。それは、社会にうまく適応できず、さまざまな問題を引き起こしている子どもたちの姿を見れば、実にはっきりわかります。子どもたちが引き起こすさまざまな問題が、あまりにも日常茶飯事になっているので、多くの人は、そういう行動が正常なのだと思いがちです。

親は子どもに、朝はさっさと起き、夜は時間になったら床に入り、きちんと食事をし、持ち物を片づけ、兄弟姉妹喧嘩をやめ、時間を守り、そして家の手伝いをする、という具合にさせたいのですが、親にがみがみ言われないで、これらのことをやれる子どもはほとんどいません。

こういった子どもたちはみな、何らかの形で、やる気をくじかれているのです。したがって、植木に水が必要なように、子どもにもやる気を起こさせる勇気づけが必要なのです。やる気を起こさせる勇気づけがなければ、子どもの成長は止まり、せっかくの潜在能力もますます枯れていってしまいます。

やる気を起こさせる方法が大切

こういうわけで、やる気を起こさせることに親や先生が失敗すると、実に悲惨なことになってしまいます。親も先生も、子どもたちに手を貸してやりたい、間違いを直してやりたい、と思っているのは確かです。みなそう思って一生懸命やっているのですが、そうするための正しい方法を知っていない、といえます。

子どもたちを勇気づけ、指導するためには、何か新しい方法が必要なのに、そういう方法を知り、使い方を身につけている親や先生はほとんどいないようです。

やる気を起こすということは、子どもたちにとって非常に重要です。物事をうまくやりとげるか、それとも失敗するかは、やる気のあるなしによって、ほとんど決まるといえます。

親や先生が、自分たちの行動をどう正当化しようとも、もし現実に、指導法が子どものやる気をなくしているなら、それは、子どもの非行を強めていることになるといえます。

しかし、こういったことは、まったくといっていいほど知られていません。したがってまた、認められてもいないし、考慮もされていません。

しかし、親や先生が「教育の成果というものは、やる気を起こさせたかどうかという観点から判断すべきである」ということをよくのみこみさえすれば、非行に対してこれまでとってきたやり方をやめて、まったく新しい方法で子どもを指導しようと考えるようになるにちがいありません。

やる気を起こさせるということは、子どもを指導するうえで決定的に重要なことなのです。したがってその大切さが親や先生によって認められさえすれば、家庭や学校内での教育の進め方に大変革が起こるでしょう。

そのためには、やる気を起こさせる方法についての徹底的な研究が必要です。特に先生には、この非常に強力な指導方法を、ぜひとも身につけていただかねばなりません。

やる気を起こさせるための三つの条件

やる気を起こさせる方法は、非常に複雑です。子どもにやる気を起こさせようとただ単に願うだけでは、もとより充分ではありません。その方法について、多くのことを学ばねばなりません。またそれ以上に、あらかじめ知っておくべきことがたくさんあります。そこで、やり方がこみ入っているところは、いくつかの章に分けて詳述することにします。

ここでは、次の三つの条件を提示するにとどめておきます。

(1)子どもの考えを感じとること

指導の効果が上がるかどうかは、教育する側のやり方が問題なのではなく、それを受け入れる側の子どもたちが、「教育する者のやったことに対してどのように感じ、どのような反応をするか」にかかっています。

したがって、子どもたちが自分の周囲のことをどう見ているか、子どものその考えを敏感に感じとれる能力を持つことが、やる気を起こさせる人にとってまず第一に必要なことです。しかし、そうした能力を持った人はめったにいません。

(2)子どもを信頼すること

さらに、やる気を起こさせようと思ったら、子どもの能力と自発性を、心から信頼しなくてはなりません。しかし、私たちは、子どもを信頼することをとかく忘れがちになります。やる気をなくした子どもや、脱線した子どもを指導する場合には、この信頼するということが特に大切です。

親や教師は、自分たちが子どもたちに対していくら一生懸命になっても、失敗することがあまりにも多いので、自分たちの意に背いた子どもを信じなさいと言われても、とんでもないことだと思うかもしれません。しかし、子どものよいところを認めてやらないで、やる気を起こさせようと望んでも、それは無理というものです。子どもを心から信じること、これがやる気を起こさせるために第二番目に必要なことです。

(3) 自信を持つこと

さらにもう一つ大切なことは、先生自身が、自分には子どもを指導する力があるんだという自信を持つことです。もし、先生が「やっても成果は上がるまい」と悲観的になったとしたら、どうして子どもにやる気を起こさせることができますか。

子どもは、善意の先生の意気をくじくという才能を、生まれつき持っています。先生が、子どもを失意から立ち直らせようといくら努力しても、なかなかうまくいかないのではないか、子どものこの生まれつきの才能にはとてもかなわないのではないか、と思えることさえしばしばあります。

やる気を起こさせる知識と技術を身につける

この悪循環を断つには、どうすればよいのでしょうか。やる気をなくした子どもたちの相手を毎日させられて、失意の状態にある先生を、これ以上、子どもたちに痛めつけられないようにするにはどうしたらよいのでしょうか。

勉強もせず、グループにも適応できない子どもが増加する一方です。優れた先生たちが、それに正面から取り組んではいるものの、なかなか思うようにいかず、敗北感と挫折感が広がるばかりです。

こういう子どもたちは、先生がよくない点を改めさせようといくら力を尽くしても、その努力を無にしてしまいます。

これは、親たちにもあてはまることです。多くの母親が子どものことで悩んでいます。「母親自身の情緒的不適応を治すことがまず先決で、そうしなければ、自分の子どもに援助の手を差し伸べることなどできるものではない」といった声もきかれます。

しかし、私たちの観察によれば、これは間違いです。母親は、子どもの問題をもっと上手に処理する方法さえ覚えれば、無力感は消え去り、問題を上手に処理することができるようになるはずです。

先生が生徒を指導する知識と技術を身につけ、生徒の扱い方や指導の仕方がうまくなれば、自分の能力に対する自己嫌悪はなくなるはずです。同時に、前には手が届かないところにいた子どもたちが、今後は、こちらの努力に素直にこたえてくれるようになるので、子どもに対する不信感も消え去ります。

言い換えれば、私たちが先生たちに、問題児に対する有効な専門的技術を提供できれば、先生と子どもが、お互いにやる気をなくしあっている悪循環は、打破できるのではないでしょうか。これがこの本のねらいとするところなのです。

「やる気を起こさせる方法」は、覚えようとすれば、誰にでもできることなのです。そして、その方法を覚えてしまえば、これまで教室で途方に暮れたり、手こずったりしたような難問も、うまく処理できるようになるのです。

第1章

人間を理解する基本原則

人間の行動を理解しようとする場合、あるいはまた、人間の行動をよい方向へ変えさせようとする場合には、「人間とはそもそもどんな特性を持っているのか」ということをまず知らなければなりません。

人間とは、そもそも自ら進んで行動するものなのでしょうか、それとも、他人から強制されて行動するものなのでしょうか、まず、このことをはっきりさせる必要があります。

私たちは、人間がもともと自発的であり、かなり自由に自分の行動を自分で決められると考えています。人間は、外部からの影響や遺伝的要因だけで行動するのではありません。人間は自発的であり、しかも自分で判断ができるのです。外からの力で動く、操り人形ではないのです。

人間は、意図を持ち、その意図にそって一生懸命努力します。自分にとって意義のある行動をし、自分で決断を下し、自分で計画を立てるものなのです。

あらゆる行動には社会的意味がある

「人間はもともと社会的な生き物だ」と、私たちは考えています。人間にだけあって、動物にはないこの特徴は、人間がいつも何らかのグループに所属し、その中で仲間と互いに影響を与えたり、与えられたりして生活してきた産物なのです。

人間は、グループの中にいてはじめて、持てる力を発揮し、自分の特質を伸ばすことができるのです。一人前の人間になれるかどうかは、その人が属するグループのメンバーとして、うまくやっていけるかどうかにかかっています。

人間の行動を理解するには、行動そのものだけを見るのではなく、その行動がとられている周囲の状況も一緒に検討するのが、一番よいようです。人柄についても、行動についても、周囲の状況から切り離して考えてはなりません。

たとえば、家でやるにはよいことであっても、それを学校でやったら、よくないことになるということはよくあることです。状況を総体的に見ることが、常に重要なのです。

人間のすべての行動は、何らかの意味を持っています。ある子どもの行動の意味を理解したかったら、周囲の状況の中で、その子どもを見なければなりません。つまり、その行動が社会的にどんな意味があるのかを考えてみなければ理解できません。

社会的な成果を上げようとして努力するのは、人間の生まれつきのものであって、決して強制されてするものではありません。社会的に意味のあることをしたい、社会的に認められたいというのは、大人といわず、子どもといわず、すべての人の根本的な目的です。

他の人と何らかの関係を持たずには、人間は実際に生きていけません。その人が社会の中で果たす役割と、その人が社会から与えられた刺激に対する反応とが、その人の人間性を形づくっていくのです。

したがって、子どもは、周囲から切り離された状態で生きているのではなく、周囲のものとお互いに関係を持ちながら生きているのだと見なければなりません。

争いが起こるのは対人関係がうまくいかないからであって、相手を支配しようとする内心の焦りのようなものから起こるのではありません。

問題が起こるのは、他の人との争いが原因です。それは決してその人自身の心の争いから生まれるものではありません。したがって、子どもを観察するとき、他の子どもとの関係に注意すれば、その子がどんなつもりでそのような行動をしたのかがすぐわかります。

人間の欲求を理解したければ、その人の社会的な関係とからめて考えなくてはなりません。人間の欲求というものは、その人が所属するグループや、グループのメンバーとの関係が、自分の思うようになったとき満たされるのです。

社会的関心は、社会の一員であれという所属感よりも、もっと意味の広い感情であって、これこそ人間の行動を理解するときに一番大切なことです。

社会的関心には、周囲の人たちに対するその人の心がまえが反映しています。社会的関心の豊かな人は、自分のことに責任をとるだけでなく、グループに対する責任も、また、グループが抱えている問題にも責任をとろうとします。

人間が精神的健康を保ち、環境によく適応するためには、社会的関心が充分に発達していることが必要なのです。

環境に対して適応性の強い人は、他の人に対する思いやりが深いようです。子どもの場合、甘やかしたり、また、あまりにかまわないでおくと、社会的関心を向ける幅が非常に狭くなってしまいます。

子どものことに口を出しすぎても、また、あまりに出さなすぎても、結果として、子どもは自分の周囲との協力関係には気を使わなくてもいいんだ、と思うようになります。こうして、甘やかしと放任という、二つの似ているとは思えない行動が、劣等感や不適応を増すことになりかねないのです。

子どもは、この世の中に無力で、他の人に扶養されるものとして生まれ、その状態はかなり長い間続きます。子どもは、自分が弱くて劣っているという劣等感に打ち勝とうとして、いろいろと苦闘を続けます。大人の場合は、社会の中で、下の地位から、なんとかして上の地位に登ろうとして奮闘する姿が、至るところで見られます。

仕事、男性あるいは女性としての役割、社会との関わりについて、自分の責任をとることが、人生の主な仕事といっていいでしょう。どんな場合でも、社会的関心がよく発達していないと、その責任は果たせません。このような人生の課題を解決できないとき、問題が持ち上がってくるのです。

すべての行動には意図がある

「すべての行動には何らかの意図がある」ということを知ることが、まず第一に必要です。人間の行動や活動は、ある特定の目標を目指しているのです。

人間の行動には、私たちがその行動目標をつかまないうちは、さっぱり説明がつかないものがかなりあります。

先生や親はよくこんなことを言います。「なぜあの子があんなことをするのか、まったく見当もつかないことだ。全然意味が通らないじゃないか」

しかし、これは大人の考える意図や目標といった枠で見たのでは意味が通らないというだけのことです。その子の立場に立って観察すれば、彼のやることは確かに意味が通っています。その子の見方によれば、それが自分の意図を実現するための唯一の方法なのです。

とはいっても、これは、行動には「原因がある」と見る立場とは違います。目的論的に分析してみると、目標で行動を説明できることがわかります。目標が精神的な刺激となって、人々の行動を促すのです。

人間の行動を本当に理解しようとするなら、その行動が何を意図しているのかを同時に考えてみる必要があります。行動には意図があるということ、これを忘れて子どもの行動を理解することはできません。

人間のすべての活動は、人間が全体としてどんな意図を持って生活しているのかを理解するための、一つの手段としてみなければなりません。

観察の鋭い先生なら、子どもの現在の行動や活動から、その子の目標を見定めることができます。人間を理解しようと思ったら、その人の活動を観察できる機会は、努めて利用すべきです。そして、行動の理由を知るためには、その人の心理的な動きに注目しなければなりません。

性格テストや投影テストなども、子どもの意図を知るにはある程度は役立ちますが、もっと大切なことは、子どもがいつも決心したり行なったりしていることを細かく観察し、そこから得られる知識なのです。

テストという形をとったのでは、たぶんそんなところだろう、という程度のことしかわかりません。しかし、観察によれば、特定の状況のもとでのその子の本性を見きわめることができます。私たちが「第三の目」と「第三の耳」の感度を高めて使いさえすれば、どの子どもも、自分のことについて大いに語ってくれます。

人間のすべての行動は、目標を目指す活動の一部としてみるべきなのです。このようにして、一人一人の子どもの行動を詳しく検討すれば、その子の意図が明らかになってきます。

人間の行動を理解するのに、今まで述べてきたような方法で見てみると、悲観的な目標を持っている人がかなりいることがわかります。こうした悲観的な目標を持つのは、人生について一般に広まっているつくり話や、間違った意見を信じたり、それをそのまま取り入れているからです。

ともかく、私たちの精神生活は、目標という人を動かさずにはおかないものによって方向づけられているのです。

したがって、人間を理解するためには、その人の過去がどうであったかというよりも、その人の将来の目標がどうであるかのほうが、もっと重要なのです。

こうした見方に立つということは、目標や方向を決めるに当たっては、人間は誰でも自由に自分で目標や方向を選択できるのだという立場に立つことです。つまり、人間は自分で自分の意思を決め、その意思に従って行動するとみるのです。

人間は自分の考えに基づいて行動する

人間の行動は、その人自身が直接に知っており、また体験している世界と関連させてはじめて理解できるのです。人間は、客観的な事実によって影響されるのではなく、その事実をその人がどう解釈したかによって影響されているからです。

子どものすること自体を、いくら具体的に詳しく分析してもあまり意味がありません。それよりも、その子どもがそのことをどういうつもりでやっているのかを知ることのほうがもっと重要なのです。つまり、その子の人生観を通して見れば、その子の行動はすべて、その子なりに立派に筋が通っているのです。

子どもを指導しようと思うなら、子どもの主観的な物の見方、つまり、その子の「自分だけに通用する論理」を知っていなければなりません。

人間はどんなことも自分なりに解釈してから受け入れます。そして、一人一人が現実を解釈する仕方は、ほんの少しずつではありますが、それぞれ違っています。したがって自分だけに通用する論理というものは、世間一般に通用する常識とはきわだって違っています。

人間は自分の解釈によって、物事に特有の意味づけをするものだということを知れば、その人の行動は客観的に見るのではなく、その人の主観に即して見なければならないということが理解できます。

過去の経験の大切さは、その人が経験をどんな具合に見ているかによって違ってきます。その見方を知ることが、その人の行動を理解したり、改善したりするためには、どうしても必要なことです。その人がどんな才能を持っているかを知るよりも、その才能をどう使っているかを知ることのほうが、ずっと重要です。

私たちが問題を処理する場合、一般論をあてはめようとしてもなかなかうまく解決できません。人間は主観的に行動するのだという見地に立てば、「一般的な法則」（平均的な人にあてはまる法則）ではなく、その人だけにあてはまる「個別的な法則」を開発することが大切になってきます。

人間は自分流に物を見て、自分流の意味づけをする

子どもは、外から刺激を受け取るだけの生活をしているのではありません。身のまわりに起こるすべてのことを、自分流に解釈したり、自分流に意味づけをする力を持っているのです。

こう考えると、人間の行動に新しい意義を見出すことができます。また、新しい説明をすること

ができます。

人間の行動は、外部からの刺激に対する単なる反応だけを意味するものではありません。それ以上のものがあると見なければなりません。外部からの刺激と、それに対する反応との間に何かが存在します。それは、その人が経験したことを、その人自身がどう解釈しているかです。

その人の生き方とか、その人の行動のパターンを理解していれば、その人の次の行動はかなり的確に予測することができます。とはいっても、身のまわりの出来事に対し、一人一人はめいめい自分なりの、個性的な解釈を下すことを無視してはいけません。

私たちは、自分の見たいものだけしか見ていません。私たち一人一人がそれぞれユニークであるのは、表面的にとらえた外部に対する意識と、自分の個人的な解釈でとらえた意識とを統合して、外部の物事をはっきりと意味あるものとしてとらえるとらえ方が、一人一人それぞれ違うからです。

私たち一人一人が、物事を自分で選ぶことができるのが、人間の特徴です。人間は外部の刺激に対する反応の繰り返しばかりしているのでもなければ、周囲から受ける力に操られてばかりいるのでもありません。

子どもを表面的にしか見ない人は、子どものある種の経験を、過保護とか放任とか虐待の結果だと解釈し、いろいろな名前をつけて分類しています。しかし、これは見当違いです。

私たちに必要なのは、子どもが、自分の体験した出来事をどう解釈しているかを知ることなのです。したがって、家庭や学校で子どもを指導する場合の、理想的な方法を見つけるのはなかなか難しいことです。子どもは、大人の行動を大人の思惑どおりには解釈しないことが多い、ということを頭に入れておかねばなりません。

子どもは、物事を自分の意思で選択し、そして選択した通り実行します。子どもは欲求のおもむくままに行動するのでもなければ、衝動のおもむくままに行動するのでもありません。また、遺伝や環境が子どもを特定の方向へ無理やりに追いやるのでもありません。

遺伝や環境は、子どもが自分の解釈を生み出す刺激として利用されており、そういう意味で重要です。子どもの生まれつきを知ることも必要ですが、そうした生まれつきの子が、どういうふうに生きてきたかを知ることのほうが、よりいっそう重要なのです。

自分の体験についてのこうした解釈の仕方は、世の中の出来事を解釈したり、自分自身を評価するのにも実際に使われています。私たちは、自分自身の経験に基づいて、世の中のことをいろいろと考えます。なかには間違いをすることもありますが、それを真実であるかのように考えています。こうした経験に基づいた自分の判断が、他の人とつきあっていくうえでの重要な指針となっているのです。

これと同じように、私たちの価値判断も偏った解釈の産物です。しかし、いったんこうした考えが形成されてしまうと、私たちは、それに従って行動するようになります。

人間が刺激を受けた場合、その刺激がどんなものなのかを、まず自分の感覚によってつかみ、そのあとでそれに対する解釈を下すという過程を経ないと、適切な反応をすることはできません。ところが、人間が成長するに従って、自分の生き方という、その人その人に特有の反応のパターンが形成されます。そして、このパターンに従って、外部からの刺激を解釈する度合いが強まってきます。

このようにして、私たちは、客観的な見方ではなく、自分の生き方から見て真実だと思われるやり方で行動するようになるのです。

人間は、誰でも自分の経験の自分なりの解釈に基づいて、考え方や感情や行動を決めます。子どもが学校に通うようになって、まず体験するのは、自分は他人より劣っていて、みんなについていけないということです。

となれば、誰かがその子にやる気を起こさせてやらない限り、その子はその後の学校生活を、ずっとそんな調子で過ごすことになってしまいます。

同じように、他の子どもたちも、その子について間違った考えを持ち、こうして出来上がった考えを、今度はみんなが一緒になって、ますます強めていくことになるのです。

「所属したい」という欲求は、人間にとって基本的なもの

人間のさまざまな行動を理解するために重要なことは、その人の基本的欲求は何かということを知ることです。基本的欲求は、人によって違います。もちろん、食欲といった、体を維持するのに必要な基本的欲求を軽視しようというのではありません。

しかし、それ以上に「何かに所属していたい」という人間の気持ちは、普通考えられているよりも、もっと強調されてよいのです。

人間には誰にも、誰かにあるいは何かに所属していたいという欲求があります。いろいろな社会制度の多くは、この欲求に基づいて成り立っています。

ごく小さな子どもでさえも、何かと一体になりたいとか、何かに所属したいという欲求を示します。何かに所属していないと、人間は能力を発揮したり、真の自己を実現したりすることはできないのです。

ある人の研究によりますと、不安になる原因の一つは、自分は何にも所属していないということから起こる恐怖だといいます。グループの一員でありたいという欲求、何かに所属することによって自分の存在を認めてもらいたいという欲求、こうした欲求を手がかりにすると、人間の行動が理解しやすくなります。

一般に、他人のことが気になる人ほど、グループへ適応するのがうまいといえます。この他に、人間には他の人に協力したいという欲求もあります。妥協するという能力は、他の人と関わることによって育つものであり、社会的な環境の中でこの弾力性を身につけた人が、正常な人なのです。

人間の行動は全体的な立場からとらえる

人間の行動を理解しようとする場合、精神と肉体とは一体であり、人間の各要素はそれぞれ緊密に結びついて配置されていると考えるべきです。つまり、人間は分割不可能な統一体だと見るべきです。

人間の行動を理解しようとする場合、人間の要素を小さい断片に分けることは効果的ではないし、その必要もありません。人間は、誰でも自分という人間を、行動を通して多面的に表わしているのです。

一人の人間の中だけで、精神的ないろいろな問題がお互いに闘っているのだというような形で人間を理解しようとしても、理解できるものではありません。人間の行動は、他の人との関係として見てはじめて意味があるのであって、その人一人だけの心の問題だと見ても、あまり意味がありません。

問題は、その人とその人が属する社会の人たちとの間に起こるのです。人間の行動を、その人一人だけの精神の問題だと見たのでは理解することができません。

また、人間のさまざまな要素を細かく分けて、その一つ一つを分析しても理解できるものではありません。人間の行動は、その人とその人を取り巻く人との関係として見なければならないし、また人と人との関係全体を一つのパターンとして解釈しなければ、人間の行動は理解できないのです。

人間の行動を支配しているのは、目標であり、その目標がまわりまわって現在の行動に活気を与えます。人間の行動とは、生きた人間が自分の属する社会の中で、自分を主張する働きなのです。

人間の判断や行動のどれをとってみても、それにはその判断や行動の指針となるものが反映されています。自分を取り巻く環境が新しくなったり、あるいは変わったりすると、その人の表面的な行動は変わってくるかもしれませんが、その人特有の生き方そのものは変わることはなく、依然同じように続いています。

生き方にはその人独特の型がある

子どもは、自分を取り巻く環境、特に自分の家庭との接触によってさまざまな経験を積み、その経験をどのように解釈したらうまく生きていけるのかを覚えていくのです。子どもは、このように経験とその解釈を繰り返すうちに、その子ども独特の反応の仕方を身につけていきます。

この反応の型が、その人の生き方といわれるものです。こうした、その人の基本的な信念と考え方がわかってはじめて、その人を全体として理解できるようになるのです。

子どもの人間性にまとまりがあるのは、その子が自分の生き方に基づいて、その子なりのさまざまな判断を下しているからです。

発育期にある子どもは、親や兄弟姉妹と否応なくつきあうわけですから、その子の人生にとって、家庭というものは非常に重要な役割を果たすことになります。

子どもは、自分が出あったさまざまなこと、あるいはそれに対して自分なりに下した判断をもとにして、自分なりの行動の仕方というものをつくり出します。そして、一生涯そのやり方に従って行動します。

したがって、子どもがある経験をしたとき、その経験をその子がどのように受け取ったかを知ることが、子どもを指導するうえで非常に大切なのです。その子が経験した具体的内容そのものは、それほど重要ではありません。

自分なりの生き方をつくり上げようとしている子どもは、自分だけにしかないものを示せるような行動をするための、信念といったものを絶えず探し求めています。そして、その信念がいったん出来上がってしまうと、すべてのものをその信念に基づいて見ようとします。したがって、偏った理解の仕方をすることになります。

たとえその子の生き方が間違った考えによるものであっても、あるいはその生き方が周囲の状況に合わないものであっても、その生き方というものは、その子がさまざまな物事を判断する場合、その判断の仕方にある種の枠をはめてしまうものです。

周囲の状況に合わない行動をしている人をよく見かけますが、こういった人たちは、子どものころつくり上げた間違った考えに基づいた生き方を持ちつづけていたいばかりに、何事につけても強引であり、自分の偏った見方を変えようとしません。

この偏った見方というものは、人間誰しも持っています。そして、何か間違った行ないをしたとき、それを正当化するための手段に使っています。

人生における困難な問題の多くは、この根本的に間違った信念から起こるのです。私たちはこの間違った先入観によって、自分がぶつかった問題を自分なりにつくり変えているのです。

このように、人間の行ないというものは、親から受け継いだ遺伝的なもの、あるいはその人を取り巻く環境といったものよりも、はるかに強いものによって動かされているのです。

人間の行ないを支配しているのは、その人独自の考え方です。その人がどんな行ないをするかは、その人の主観的で心理的なもので決まるといえます。ということは、人間は自分を取り巻く環境を自分自身でつくっているともいえます。

このように考えていきますと、私たちを取り巻く環境というものは、客観的に見えても、実は主観的な要素が非常に強いものといえます。

身のまわりで起こることに対して、主観的に対処することは非常に大切なことです。たとえその対処の仕方が偏っていたり、自分勝手なものであっても、人間が自分の行動を決めるときにはそれが重要な役割を果たします。

人間の感情には目的がある

さて、うれしいとか、悲しいといった人間の感情とは、いったいどういうものなのでしょうか。人間の感情に新しい光を当ててみましょう。

人間の感情は、ただ単にうれしいとか悲しいとかいったものなのでしょうか。そうではなくて、人間が何かをしようとするとき役立つものとして見るべきなのです。人間の感情には、はっきりした目標、あるいは方向があります。人間が何かをしようとするとき、それを実現するために感情は使われます。

私たちは自分で感情をつくり出したり、生み出したりします。そして、その感情を時と場合によって使い分けることができます。

私たちが社会生活をするうえでは、感情はなくてはならないものです。感情は、その人の人生における目標が受け入れられるものであっても、あるいはそうでなくとも、その目標を達成するうえではなくてはならないものなのです。

したがって、その人の行動を理解するためには、その人の感情の内にひそむものを見きわめねばなりません。表面に現われた感情だけに目を向けても、その人がどうしてそんな行動をするのかを理解することはできません。人間の感情も目標に支配されているのです。

人間の感情は、相手に勝つために使われることが多いようです。感情を持つことによって、自分の考えていることを実現しやすくなります。たとえば、人間が「かんしゃく」を起こすのは、他人の注意を引きたいときとか、あるいは自分の力を出しきりたい、といったときです。

「かんしゃく」は、どうしても相手がいてくれないと成功しません。したがって「かんしゃく」を起こしても、相手がそれを認めず、効果がないとなると、「かんしゃく」が起こる度合いはぐんと減ってしまいます。こういったことは、皆さんもよくご存じの通りです。

人間の感情は、相手に近づきたい、あるいはまた逆に相手から遠ざかりたいという気持ちの現われ、あるいは合図と考えられます。相手に近づきたいという感情を示せば、相手もこちらに近づいてきますし、相手から遠ざかりたいという感情を示せば、相手も離れてしまいます。

したがって、感情をただ機械的に解釈してはなりません。「怒る」といった後ろ向きの感情は、人間を人間から引き離す意味合いを持った感情です。

人間が怒ると、人を傷つけたり、仕返しをしたりします。怒った人は、自分の思い通りにしなければ気がすみません。怒ることで相手に勝とうとしているのです。これでは、相手はますます離れていってしまいます。

「悲しい」という感情は、自分が今置かれている状況を改善し、もっと都合のよいものにしようとする努力の一つです。しかし、あまり大げさに悲しむと、相手の反感を買ってしまい、相手は離れていってしまうこともあります。

嘆き悲しんでいると、周囲の人が面倒を見てくれたり、勇気づけてくれたりするので元気づいてくる、ということはよくあることです。こうして悲しむことによって、人間はマイナスからプラスに転じ、劣等感から抜け出し、周囲の状況に適応していくことができるようになります。

相手の気持ちを、心から受け入れることを感情移入といいます。この感情移入ができるということは、社会に対して健全な興味と関心を持っている証拠です。

人間の感情がどのような意味を持っているのかを理解するには、その人がどのような生き方をしたいと考えているのか、あるいは自分の属する社会に対してどのような考えを持っているのか、などをよく検討してみる必要があります。

子どもは、物心がつくと、感情を自分に有利なように使うことを覚えます。子どもの行動をよく観察すると、そういう感情の動きがよくわかります。つまり子どもは感情のおもむくままに行動しているのではなく、感情を上手に使って、自分の目標を実現しようとしているのです。

自分を守るためにする行動

人間は、生きていくうえで、自分に都合の悪いものから自分を守るためにいろいろなことをします。それは、社会的にどのような意味があるのかを考えてみましょう。

人間は、自分を守るために普通、次のようなことをします。

(1)合理化……自分の欠点に対して、本当の理由ではなく、一見筋の通った、もっともらしい理屈を挙げる。

(2)投影……自分のよくない点は他人のものであるとし、自分のものとは認めない。そうすることによって自分を守る。

(3)同一化……他の人が持っている素質を自分のものと見、その人の失敗ではなく、その人の成功のほうを強調する。

(4)抑圧……自分のやりたいことや考えを強く否定する。

(5)補償……自分の悪いところをよいところで埋め合わせる。

どうして人間はこうした行動をするのかを考えてみましょう。

人間がこういった行動をとるのは、自分が属しているグループの中で、一人前の扱いをしてもらいたいと望んでいるからです。つまり、そういう行動をとることによって、グループへの所属感が持てるのです。

合理化は、自分の考えを自分に受け入れやすくするためのものです。理由をつけるときは、社会一般に認められている理由とぴたり一致するようにします。そうすれば、自分の敗北を勝利に変えることができます。

投影は、自分が属しているグループの人たちと比べて、ある人をけなすことです。自分が属しているグループ以外の人を非難することによって、そのグループへ属している気持ちを強く持てるようになるのです。

同一化は、社会的に非常に尊敬されている人に対して行なうのが普通です。その人と自分を同一化することによって、グループの中の自分の地位がどうなるかを考えます。つまり、同一化することによって、自分の目標を達成しようとするわけです。

グループにおける自分の地位を好ましい方向に持っていきたいと思えば、そういう影響力のある人と同一化しようとします。また、そのグループに属したくないと思えば、影響力のない人と同一化しようとします。

補償は、あることを上手にできない人がこれを補うために、何か他のことで優れようとする心理的な動きです。こういう人は、補償として、役立つようなことをやることによって他の人に認められ、グループの仲間に入れてもらおうとするものです。

人間は、以上五つのことを時と場所に応じて使い分けています。いずれにしても、人間は、グループに属したい、他の人に認めてもらいたい、あるいは重要な人になりたい、といった欲求によって方向づけられています。そしてどの人も、自分独自の目で環境をとらえ、自分独自の方法で自分の欲求を実現しようとしているのです。

第2章

子どもの「生き方」を理解する

子どもは、生まれると同時に社会の一員となり、その社会のルールとか、やってはいけないことなどを覚えていかなければなりません。つまり、生まれた子どもが加入する社会は、すでにはっきりした道しるべや慣習が出来上がっている社会です。

子どもは生まれてすぐ、周囲の人たちに影響を与えると同時に、逆に周囲の人たちからも影響を受けます。まず、自分の家族が最初に出会う社会であり、その人たちに従うことを学びます。家族の人と接しながら、やがて世の中の人たちについて、どういう見方をしたらよいのか、あるいはどういう接し方をしたらよいのか、といったことを学んでいくわけです。

どうすれば周囲の人たちとうまくやっていけるかを、子どもはさまざまな観察や、さまざまなやりとりを何度も繰り返すことによって身につけていきます。こうして身につけた心がまえや信念が、その子の生き方の基本となります。したがって、その子を理解するには、まずその子の生き方を知ることが第一です。

どの子どもも、ただ単に、外部の刺激に対する反応を繰り返してばかりいるのではありません。自分の生き方に関わる問題を解決しようと、積極的に努力しています。決して、両親から受け継いだ遺伝的なものに従っているのでもなければ、周囲の言いなりになっているのでもないのです。

自分の内外で起こるすべての出来事について、自分なりの解釈を下し、その解釈に基づいて、自分なりの行動をとっています。したがって、その行動にはその子なりの意味があるのです。

子どもは、自分が経験していることに対して、自分ではっきりとした態度をとることができます。また、その経験を自分で解釈し、自分で結論を出す能力もあります。さらに、その行動は、その子のある種の潜在能力に基づいて行なわれているのです。その潜在能力を引き出すには、その子が持っている創造力が物を言います。

子どもを理解するには、その子の生き方の基本を知る必要があります。その生き方の基本は生涯変わることがありません。したがって、子どもを上手に扱おうとするなら、その子がどんな生き方をしようとしているのか、さらにそれが将来どのように変わるのかを知っておかなければなりません。

その子がとっているさまざまな行動が、一見、何の関係もなさそうに見えても、実は複雑に関連していることを知るべきです。

子どもをよく観察すると、子どものすることには、どんな場合でも何らかの意味があり、しかもそのことに子ども自身は気づいていない、ということがわかります。子どもの行動にどんな意味があるのかは、その子がどんな目標を持っているのかを知ればわかります。

その子のすべての行動は、その子の生き方の現われであり、その子の生き方は、その子が自分および周囲の社会をどのように見ているかによって出来上がっています。

子どもは、周囲の人たちの自分に対する反応を、自分の都合のいいように変えさせてしまうことを知っています。そのために、自分のやることに対する周囲の人の反応を素早く感じとります。

たとえば、泣いたり、にこにこしたり、元気がなかったりすると、周囲の人たちはそれぞれさまざまな反応をします。その反応の中でどれが一番自分の気に入ったか、どうすればその気に入った反応を引き出せるか、引き出すにはどんな状況のときが一番いいのか、自分のやり口がいつも成功する相手は誰なのか、こういったことをすぐのみこんでしまいます。

子どもの生き方に影響を与える家庭の雰囲気

子どもが最初に経験する社会生活の雰囲気は、当然のことですが、両親が与えることになります。周囲の人とどのように接したらよいのか、あるいは社会生活とはどのようなものなのかということは、両親と生活することによって知ることになります。

つまり、子どもは家庭の中で、社会のさまざまなしきたりに対する一定の心がまえを身につけていくわけです。

「社会生活をしていくうえでは、してよいことと悪いことのけじめが非常に大切である」ということを、両親は子どもに教えます。そして、人間関係のお手本を子どもに示します。

子どもは、その両親のやり方を見て、人間関係において相手にどういう態度をとればよいかを覚えていきます。つまり、父親と母親の人間関係がその家庭内の人間関係のもとになるわけです。

父親と母親が張りあっているような家庭では、当然のことですが、子どもたちも競争意識の激しい子になります。また逆に、両親がお互いに協力的な家庭では、子どもたちは、一人一人がそれぞれ個性を持った子どもに育っていく傾向があります。

しかし、家庭の雰囲気は、子どもの行動にそれほど決定的な影響を与えるものではありません。たとえば、家庭の雰囲気とはまったく逆の行動をとる子どももいるのです。

家族内における子どもの立場

子どもの家族の中における立場は、一人一人が根本的に違っています。したがって、家庭で起こる出来事に対して、一人一人がそれぞれの子特有の受けとめ方をします。

兄姉なのか弟妹なのか、長男長女なのか次男次女なのか、あるいは末子なのかによって、その子の性格は大きく変わってきます。

また、兄弟姉妹間に競争意識があるかないかといったことも、その子の人間性に大きな影響を与えます。

たとえば、競争意識がある場合は、一方の子が競争に勝つと、もう一方の子はがっかりしてやる気をなくしてしまうことが起こります。これと対照的に兄弟姉妹の仲がよいと、興味や性格や気性が似てくることがよくあります。

まず最初に、生まれた順序によって子どもの性格がどのように違うかを考えてみましょう。長子、次子、中間の子、末子、一人っ子、それぞれどのような違いがあるのでしょうか。

どの子どもも行動、考え方、心がまえなど、その子特有のものを持っています。したがって、具体的な物事に対して子どもが示す反応は、子どもによってさまざまで、同じ物事に対して必ずしも同じ反応を示すとは限りません。

生まれた順序が子どもに与える影響については、昔からいろいろな説がありますが、その中にはあまり適切でないものもありますから注意を要します。

たとえば、末っ子でも、上の子に非常に挑戦的であり、いつも先頭に立っている子もいれば、長男長女でありながら、その役割を果たせないような子もいます。あるいは片親がいない場合などは、長子だから、次子だからという見方をしても、その期待通りにはいかない場合が多いのです。

つまり大切なことは、生まれた順序ではなくて、「子どもが家庭内における自分の地位をどのように考えているか」なのです。

生まれた順序による性格の違いは、一般には次のようになります。

長子の特徴

長子は、次子が生まれるあいだ一人っ子の立場に立たされ、一人っ子としてちやほやされます。ところが次子が生まれることによって、突然その地位から引きずり降ろされたことに気づきます。

母親の愛を自分から奪ったと思われる者とつきあわねばならなくなります。そして、王座から降ろされた不利を取り戻そうとします。

自分が兄弟姉妹の中で一番になりたいのだが、一番になれないとわかると、そのことに興味をなくしてあきらめてしまいます。また、自分の長子としての地位を守ろうと、いつも必死になっています。

次子の特徴

次子は、何事によらず、自分よりも一枚上手の兄姉と常に向かい合っています。つまり、長子ほど能力はないのです。したがって、次子は自分の得意とするものは別にあるんだ、といったふるまいをすることが多いようです。

次子は、常に長子に追いつき追い越さねばならないと思っています。たいていは、長子にはない面を強く打ち出すようになります。たとえば、長子よりも積極的になるとか、または消極的になるとか、あるいはまた、自立心を高めるとか、逆に依頼心を強めるとかいったことになります。

中間の子の特徴

中間の子どもは、長子の権利も末っ子の特権も、ともに持ち合わせてないのが普通です。世の中を自分の力で押し分けて通らなければなりません。そして、いつも世の中から押しつぶされてしまうような圧迫感を感じ、やがて世の中は不公平だと思うようになりがちです。

そうかと思うとまた、上下両方の競争相手をうまいこと押しのけて、兄弟姉妹の長に君臨するようなこともあります。

このように、子どもの生まれた順序によって、その子の行動の仕方が変わってくるのは確かなことです。しかし、順序がわかれば、あとは機械的にその子の行動が理解できるかというと、そうとは限りません。

子どもの年齢、性別、特別な性格、または特別な病気を持っているかどうかといったことを、確かめてみる必要があります。あるいはまた、その子が両親をどのように見ているか、ということも充分に考えてみなければなりません。

たとえば、子どもたちの年齢に開きがあるような場合には、それぞれの子どもが育てられた家庭の社会的あるいは経済的状態が、それぞれ違っていることも考慮に入れなければなりません。また、女の子ばかりの家庭に男の子が生まれたような場合は、その男の子は格別の扱いを受けることになります。

また、子どもを育てる場合、年齢の違いを重視して育てた場合と、男か女かの違いを重視して育てた場合とでは、子どもの性格に大きな違いが出てきます。

あるいはまた、両親の年齢の差も大切な要素です。年若い親は、中年や年配の親と比べると、子どもを育てる場合、どちらかというと、子どもの生まれた順序を重視するようです。したがって、両親に年齢差があると、家庭の中で子どもの地位が二本立てになることになります。

子どもの性格は、その子の行動の仕方に現われます。したがって、その子が家庭内でどんな行動をとるかを見れば、その子の性格はある程度判断できます。子どもは、自分の置かれている立場を、自分だけに通用する理論で主観的に受けとめます。つまり、子どもは、自分の置かれている立場を、相当に偏った見方で理解することになります。

したがって、子どもを理解する場合は、行動に現われた表面的な姿だけを見るのではなく、子どもが自分の置かれている立場をどのように解釈しているかも、併せて考慮しなければなりません。

子どもの生き方の基本となるもの

子どもは自分の生まれた社会、あるいは地域の習慣なり慣習を覚え、それに従って生きていくことになります。子どもにとって、最初の社会は家庭です。家族の全員がその子にとっては社会であり、これらの人々に順応することを、まず覚えなければなりません。

やがて、自分の置かれている環境の中で、どうすれば他の人々とうまくやっていくことができるかを覚え、自分なりの結論を出します。これがその子の生き方に対する心がまえです。この心がまえに従って生きていくうちに、自分の生き方そのものをつくり上げていくことになります。生き方を理解することが、子どもを理解するうえで、最も大切なことです。

子どもを注意深く観察すると、子どもはごく幼いころから、自分では気づいていないのですが、子どもなりの意図を持って行動していることがわかります。さらに、それがどんな意図なのかは、その子が追い求めている目標がどんなものなのかがわかれば理解できます。

子どもは、自分と自分を取り巻く社会とを自分なりに評価し、その評価に基づいてつくり上げた生き方に従って、いつも行動しているといえます。

子どもは、自分の都合のいい方向に大人の気持ちを方向転換させることを知っています。自分が泣いたり笑ったりすると、大人がどのような反応をするかを素早く見てとってしまいます。子どもが、自分のさまざまな経験を吸収する方法は、ただ一つしかありません。それは、一つ一つの経験を何らかの自分の枠にはめこむことです。

こうして経験を重ねていくうちに、自分が持っている利点や限界というものがわかってきます。両親や兄弟姉妹と生活を共にしていくうちに、その性格が形づくられ、発見していきます。

しかし、子どもは、決して外からの影響を受けてばかりいるのではありません。気をつけて観察しているとよくわかりますが、一見、受け身と見えるような行動でも、実はその子なりの生き方に従った行動であることがよくわかります。

生き方というものは、その子に特有のものであり、個性的なものです。子どもが新しい環境に臨んだとき、その子特有の対処の仕方をするのはこのためです。

子どものすべての行動は、その子の生き方の一部であり、生き方がその子の性格をつくり上げていることをよく理解することが、子どもを理解する基本といえます。

生き方についての子どもの考え方は、幼いころほど柔軟性があります。しかし、知恵がつき成長するにつれ、やがて自分の考え方と一致するものだけを受け入れるようになります。つまり、自分が見聞したものを、自分だけに通用する偏った論理に合わせて理解しようとします。

子どもは成長するにつれ、このように偏った物の見方をするようになるので、自分の生き方に合わないものからは、何も学ぶことができなくなってしまうのです。

子どもの生き方は、その子がある問題を解決しようとして実行してみて、効果があったものをもとにしてつくられます。したがって、子どもは成長するにつれ、自分の行動を正当化する理論を見つけ出し、無意識のうちにそれに支配されるようになります。

このように、人間は誰でも自分の生き方に基づいて行動し、生きているのです。

子どもの生き方は、その子の行動にある種のリズムを与える役割を果たしています。また生き方は、その子の行動をまとまりのあるものにするのに役立っています。したがって、子どものよくない点を直そうとするときには、その子の生き方を知ることから入っていくのが一番よい方法だということになります。

子どもはいつも、次のようなことを考えています。「私はどういう人間なのだろうか」「私は何をすればいいのだろうか」「私には才能があるのだろうか」「私の進むべき道はどこにあるのだろうか」。そして、過去に経験したさまざまなこと、将来に対する期待とを考え合わせて、自分の生き方を決めていくことになります。

子どもの生き方の基礎になっているものには、次のようなものが考えられます。

(1)自分が自分のことをどう思っているか。
つまり、「私は……です」「私は……が好きです」「私は……をします」などといったこと。
(2)自分がなってみたいとあこがれているもの。
(3)自分を取り巻く環境をどのようにとらえているか。
(4)人間としてやってはいけないことは何か。

現実の自分と理想とする自分との間の開きが大きすぎると、劣等感を生むことになります。また、人間としてはこうあらねばならないのだが、現実の自分はその反対であるということになると、罪悪感を生むことになります。いずれにしても、以上四つのことを一つにしたものが、その子の生き方を形づくっているわけです。

子どもは成長するにつれ、自分自身や社会に対して、多かれ少なかれ、根拠のない間違った考えを持つようになります。それは自分の考え方のどこかに欠陥があるためです。一般に知られている間違った考えを、いくつか次に挙げてみます。

(1)「私はだめな人間なのだ」
(2)「自分は特別偉い人間なのだ」
(3)「自分は人間としてやるべきことをやれない人間なのだ」
(4)「この世の中は危険だらけだ」
(5)「他の人を信用してはいけない」

要約すると、自分自身について、あるいは自分を取り巻く社会に対して、あるいは自分の行動に対して、あるいは自分の目標に対して、考え方のどこかに〝ひずみ〟があると、ゆがんだ結論を出してしまうことになるのです。

人間を理解するには、その人その人が持っているその人独自の考え方を手がかりにしなければならないのですが、今の社会では、特殊な生き方が世間一般に広く普及してしまっています。そのいくつかを次に挙げてみます。

(1)私は、私を受け入れてくれる人としかうまくやっていけない。
(2)私は、グループを完全に支配している。
(3)私は、他の人より優れているので、正しい判断が下せる。
(4)私は、誰か他の人に面倒を見てもらわなければ生きていけない。
(5)私は、他の人より正しい行ないをしなければいけない。
(6)私は、自分を苦しめる人を軽蔑できる人間になりたい。

他の人が自分を受け入れてくれるのをあてにする人は、おそらく自分の両親に認められることを相当に重要だと過大評価しているからでしょう。なかには、認められることと愛されることを混同している人さえいます。また、周囲の人たちとうまくやっていくには、周囲の人に認められる以外に方法がないのだと考えている人もいます。

こういう人は、他の人から非難されるなどということは、とても耐えられないことなのです。したがって、こういう人は、他人の反応に敏感になりすぎ、自分が他の人から反対されるようなことがないように、物事を自分で決めずに、他の人に決めさせようとします。つまり、他の人に気に入られるように努めるわけです。

支配力を握っていないと気がすまないような人は、何事も自分で操ろうとする人です。他の人を信用することも、他の人に頼ることもできないのです。そのために、自分は常に正しくなければならないし、自分が正しければ正しいほど自分はよい人間なのだと考えます。

自分は常に他の人より優れていなければならないと考える人は、他の人より優れていればこそ高地位が得られるのだと考えます。そういう人はだいたい完全主義者で、道徳的に他の人に抜きん出ようと努めます。

このような人はまた、「あなたは……したほうがいいですよ」というように、他の人に判断を下すのが好きです。また、自分がなかなかの人物であることを見せつけようとして、他の人から言われる前に、自分から自分の失敗を認めるといった手をよく使います。

他の人を負かさなければ気のすまないような人は、自分には何に対しても反対し、自分のやり方を押し通す権利があるのだと考えています。

他の人の悪口を一身に集め、耐え忍ぶ人は、苦痛を受けることによって、道徳的優越感を味わえるのです。

子どもの社会的関心

社会的関心とは、他の人々と同じ仲間でありたいという気持ちであり、他の人々と共に幸福でありたいという気持ちです。社会的関心は、子どもが成長して、立派な社会人となるためにはなくてはならないものです。

社会的関心があってこそ、社会に本当に参加できるし、また、これがあってこそ、他の人への関心が生まれるのです。

他の人と協力することは、子どもに最も大切なことです。子どもがどのくらい甘やかされて育てられたかを知るには、その子が世の中の決まりや、他の人の要求をどのくらい無視するかを調べればよくわかります。社会的関心とは、他の人と協力するために、譲り合う能力のことです。

人間の社会的関心がどのくらいあるかをはかるには、二つの方法が考えられます。一つは、他の人に協力する能力があるかどうかを見ることです。もう一つは、社会のルールに従うと自分にとって不利だということがわかっていても、そのルールに従う意思があるかどうかを見ることです。

幼いころ親や先生に逆らう子どもは、大きくなっても、何事によらず反対する態度をとるようになることは、よく知っておかなければなりません。

育て方で人間性が変わる

子どもの人間性をつくるうえで、家庭内の雰囲気と、その子の家族の中に占める位置が重要であることは、これまで述べてきた通りです。それに加えてもう一つ大切なことは、子どもを育てる方法です。

というのは、どの子どもも、それぞれ違った育てられ方をするからです。育て方が意識的になされたものであろうと、成り行きや思いつきでなされたものであろうと、子どもの人間性は、その育て方によって大きく変わってくるからです。

先生と生徒との関係は、民主的であることが大切です。民主的関係というのは、教える者と教わる子どもの両方が、お互いに相手に敬意を払うということです。そのためには、教える先生は生徒に対しては厳しく、しかも親切であることが大切です。

子どもを甘やかしたり、過保護にしたり、心配しすぎたりすることは、どうしても避けねばなりません。子どもは甘やかされると、自分の長所や能力を発揮してみる機会をなくしてしまいます。子どもを鍛えるには、秩序を尊重させ、無意味な競争をやめさせ、やる気を起こさせるように気を配ってやることが必要です。

家庭や集団の秩序を保つには、家庭やグループに、規律を尊重する雰囲気がなければなりません。それには、親が身をもって範を示すことはもちろん大切ですが、それだけでは充分とはいえません。秩序を保つためには、周囲の人が子どもに対してどんな行動をとるのを期待しているのかということを、子ども自身がはっきりと知っていなければなりません。また、そうした行動のうち、どんなことがあっても必ず実行しなければならないことは何なのかも、子ども自身が充分にのみこんでいる必要があります。

家庭や集団の秩序を守る鍵は、何事に対しても首尾一貫させることです。たとえば、子どもが不始末をしたような場合は、その結果がどういうことになるかを身をもって体験させれば、秩序を守ることはどうしても必要なのだという気持ちが自然にできてくるはずです。

子どもの教育効果を上げるには、子どもと衝突することだけは、どうしても避けなければなりません。そうしないと、子どもは大人に対して協力するどころか、反抗的になりかねません。

衝突を繰り返すと、子どもは相手をやっつけてやろうという気持ちのほうが強くなってしまうのです。このことを親や先生は充分に反省し、子どもをよく観察してみる必要があります。

子どもと衝突することを避けるには、自分の気持ちを抑制することが大切ですし、子どもの行動に対しても柔軟性を持って対処する必要があります。

子どもにやる気を起こさせることは、非常に大切です。子どもが何か面倒なことを引き起こすのは、何らかの形でやる気をくじかれている場合が非常に多いのです。やる気を失った子どもは、自信がないものですから、どうしてもやることなすことがうまくいかなくなるのです。

子どもにやる気を起こさせることは、そう簡単なことではありませんが、子どもを勇気づけるためには、どうしてもやらねばならないことなのです。

子どもが悪いことをする目的

子どもにとって一番の願いは、仲間の中で一人前の扱いをしてもらうことです。つまり子どもは、仲間の一人として認めてもらいたいと、いつも願っているのです。

子どもが悪いことをするのは、このことと深い関係があります。決して悪いことをすること自体が目当てではないのです。悪いことをすることによって、自分を目立たせることができると信じているのです。

では、何のために自分を目立たせたいと考えるのでしょうか。目的はさまざまです。人の注意を引くためでもあれば、自分の力を見せつけたいためでもあります。あるいはまた、特別な扱いをしてもらいたいためであったり、仕返しをしたいためであったり、自分の無力を見せたいためであったりします。

子どもが目指す目的が何であれ、仲間の中で生きていくためには、こうすることが一番よいのだと信じてやっていることだけは確かです。

子どもが悪いことをする目的は、次の四つに要約できます。
(1)仲間の注目を集めるため
(2)自分が強いことを示すため
(3)何らかの仕返しをするため
(4)自分の無力を示すため
何か他の人の注意を引くことをやるのは、ごく幼い子どもに見られることです。ごく幼いころの子どもは、集団の役に立つことは何かなどはまだわかりませんから、集団に役立つことをやって、集団の一員として認めてもらうなどといったことはできません。そこで、他の人の注目を引こうとしたり、愛情を得ようとすることによって自分というものを認めさせ、グループの一員として認めてもらおうとします。

まず最初は、誰もがやっているような方法で注目を集めようとします。しかし、その方法では効果がないとわかると、他の人に注目される方法なら何でもやってみようとします。子どもは他人から無視されるくらいなら、むしろ罰を受けてでも注目を引こうとします。
①どちらが強いかを競うような場合、子どもは自分が支配しているものを見せつけようとします。
また、自分がやりたいことだけをやり、命令されたことなどは決してやろうとしません。

②命令されたことをするとか、禁じられていることをその通り守るなどということは、子どもにとっては我慢のならないことなのです。

大人のほうから強いことを見せつけられると、子どもは、強いことは素晴らしいことなのだと信じこんでしまい、この次にはきっと勝ってみせるぞと、強い決心を固めることになります。

③相手に対して激しい敵意を持つと、仕返しをしようとします。子どもはこのような場合、グループの一員であろうとするなら、自分を憎まれっ子にする以外に方法がないのです。注目を引いたり、強さを誇っても、もはや効果がないとわかると、悪者になったり、乱暴することで、グループの一員になろうとします。

④無力であることを目標にしている子どももいます。そのような子は、失敗することだけを待ち望んでいます。仲間づきあいをしたくないために、体の具合が悪いとか、理由にならない理由を持ち出したり、嘘をついたりします。

第3章

「やる気をなくす」とはどういうことか

「やる気をなくす」とは、どういうことなのでしょうか。これについては、二つの面から考えてみる必要があるように思います。

一つは、ある人がやる気をなくしている状態とはどういう状態か、という面からとらえてみる必要があります。

もう一つは、人間はどのような経過を経てやる気をなくしていくのか、その過程を調べてみる必要があるということです。

やる気をなくしている状態は、もともとやる気がないか、または、やる気を起こすのを抑えられているか、のどちらかです。

では「やる気がある」ということは、どういうことなのでしょうか。人間が、何事にも不安がなく、自由に積極的に行動しているとき、その人はやる気のある人だとか、やる気のある行動であるとか言います。

やる気のある人は、やる気のない人がやりたがらないようなことを積極的にやります。つまり、やる気のない人は心に何らかの不安を持っている人であり、やる気のある人は、心に何の不安も持っていない人といえるでしょう。

「やる気」とは何か

「やる気をなくす」ということは、「やる気」が不足していることですから、まず、「やる気」とはどういうものかをはっきりさせる必要があります。

やる気の第一条件は、前にも述べたように、何事にも不安を持っていないということです。不安がなければ、たとえ危険があっても、よくない結果が予想されても、そういったことに影響されないで、自信に満ちた行動がとれます。

やる気のある人は、危険やおそれといったものを心配することなく、どうしたら問題を解決できるかという見方をします。したがって、ためらうことなく行動でき、自信を持って自分を主張し、一歩も退かず前進することができるのです。

しかし、こういった行動は「無鉄砲」と同じではないかと思う方もいるでしょう。目に見える表面の行動は、確かに同じです。しかし、やる気のある人の行動と無鉄砲な人の行動とは、行動は同じでも結果が違います。

無鉄砲な人は、状況を正しく判断しないで行動します。そして、失敗することを期待しており、細心の注意を払うことをしませんから、当然その結果は失敗に終わります。しかし、やる気のある人は、そんなふうには行動しません。

それでは、やる気のある人とはどのような素質や性格を持っている人なのでしょうか。やる気とは、普通の人には真似のできない特別な素質なのでしょうか。あるいは生まれつきの素質なのでしょうか。

その人の行動を見れば、その人がどんな考え、あるいはどんな信念を持っているかがわかります。そして、その考えや信念は、ある特別な感情によって支配されている場合もあれば、そうでない場合もあります。

不安を持っている人は、感情的なものに支配されますが、勇気ある人は感情的なものに支配されることはありません。

不安を持っている人にしても、勇気ある人にしても、自分を取り巻く状況を認識して、自分の考えに基づいて行動している点ではまったく同じです。

しかし、不安を持っていることは、マイナスの性質のものであり、何かを目指しているというよりも、物事に背を向けているといえます。したがって、不安を持っている人には強い感情的な支えが必要ですし、不安が高まった場合の言い訳が必要になってきます。

やる気のある人には、こういった感情の支えや、言い訳は必要ありません。やる気のある人は常に率直で、気どることなく、客観的です。そして、理性的で、内からわき出る力を無駄なく使います。

やる気のある人には、自分自身に対する自信と、どんな状況に直面してもそれを乗りきっていけるのだという確信があります。しかし、この確信は、自分は人生のすべての問題を解決できる、といった確信ではありません。

もし、そうした確信を持っている人がいるとすれば、それはまったく現実を無視した向こう見ずな人です。私たちには、人生のすべての問題を解決できる力などないのは明らかです。

やる気のある人が持てる確信は、自分は問題の解決を求めて、あくまでも努力するという確信であり、どんな苦境に直面しても、それには対処できるという確信です。自分は誠実な人間であるから、どんなことが起きようとも、必ず乗りきれると信じているのです。

どんな境遇に陥っても、敗北感を持たず、絶望することなく、対処しようとする意志と能力、これがやる気のある人の特色です。

やる気をなくした人の精神状態

やる気をなくした人の心の奥底には、今までとはまったく逆の確信がひそんでいるようです。つまり、問題は必ず解決できそうだ、解決策は必ずあるはずだ、といった可能性を見てとることができないのです。

やる気をなくした人は、自分の能力にも、自分の人生にも確信を持っていません。自分には何の可能性もないと決めこんでいます。

やる気のない人も、決して実行しないのではありません。実行はするのですが、気持ちが前向きでないためにうまくいかないのです。

やってもおそらくだめだろうと思いこんでいるため、いくら努力してもチャンスを逃している場合が多いのです。そして、そのことに気づいてもいないのです。

やる気をなくした人の一番よくない点は、自分はどうしようもなく無力な落伍者だと決めこんでしまうことです。

地位や名声を気にし、それを守ることにばかり気を使い、こんなことをしたら地位や名声に傷がつくのではないか、あるいは地位や名声をなくしてしまうのではないか、という心配ばかりしているのが、やる気をなくした人の特色です。

この気持ちは、私たちが自分の地位や名声について、どんなに過敏になっているかを考えれば、わからないことではありません。私たちは、自分を本当に高く評価してよいものかどうか、自信がなくなることがしばしばあります。しかも、そういった地位や名声は、ごく狭い範囲のものであり、私たちはもっともっと広い社会の一員なのだということを、忘れてしまうことがしばしばあります。

現在の社会は、いわばやる気をなくすような規律や価値観に基づいて成り立っているので、自分のよさや自分の能力に自信を持つことが難しいことも確かです。したがって、社会を支配しているこうした規律や価値観にとらわれない人間になってみようとする人は、非常に少ないのです。

しかし、自分はこの程度の人間なのだ、あるいは自分は無力なのだと思っているだけでは、やる気をなくしたことにはなりません。それどころか、自分の置かれている立場や、ハンディキャップを考えてのことであれば、この考えが刺激となって、苦境を克服しようとする気にもなります。それを実際に実行している人も珍しくありません。

自分が不完全な人間であることにあまりくよくよしない人は、自分の欠点や失敗を素直に受け入れることのできる人です。こうした勇気は、人間に生まれつき備わっているものです。そして、やる気をなくそうとする気持ちを救ってくれるものです。

自分を取り巻く状況がどんなに厳しく、不愉快で危険であっても、常にそこから出発して、前進していく力を持っている。これが勇気ある人の特徴です。

自分には力がない、他の人より劣っているという気持ちがきっかけとなって、自分を改善し、前進し、成功を収めた人は少なくありません。しかし、そうした人と、自分には間違いを正したり、改善したりする能力はないのだと信じきっている人とは、明らかに違います。

子どもの場合も同じです。完全にやる気をなくした子どもは、自分は欠点だらけだということを親や先生に印象づけようとします。そうすれば、自分は期待もされなければ、要求もされないだろうと思っているのです。

子どもがこんなことをするのは、自分の本当の欠点（思い過ごしにすぎないのですが）が、今以上にあからさまになって、つらい思いをしたくないと願っているからなのです。

やる気をなくすということは、いろいろと調べてみたり、試してみたり、暗中模索してみたり、望みをかけてみたり、といったことをさんざん繰り返したあげく、最後にたどりついた結果なのです。

つまり、希望しても無理なのに希望し、成功のあてもないのに努力し、結局、絶望のあまり、あきらめきってたどりついた状態、これがやる気をなくしたという状態といえます。

やる気をなくすといっても、いろいろな場合が考えられます。仕事上でたまたまつまずき、やる気をなくす場合もあれば、人生そのものについてやる気をなくす場合もあります。その状況判断を間違えると、目の前のチャンスも、改善に役立つ方法も、目に映らなくなります。

やる気をなくした人の多くは、自分と自分の置かれている状況を間違ってとらえています。そして、そのことに気づいていません。自分の判断が正しいと信じこんでいるのです。したがって、あなたは立派な人間で、能力もあるし、成功するチャンスも充分あるのですよ、といくら言っても、心を動かそうとしません。

自分が下した判断だけを自分に納得させようとして、あれこれと頭を働かせるのです。自分でつくった「自分だけに通用する論理」は、その人には説得力がありますから、その人はますます自分の判断を正しいと信じこんでしまいます。

問題は、その人が正しいとか、間違っているとかいうことではありません。一番大切なことは、その人が自分をどういう人間と信じこんでいるかです。その人の行動のもとになるものは、まさにこれしかないのです。

私たちは、あることをいったん信じこむと、その確信を強化するために、さまざまなことをやってみたり、自分の仮説と一致するものだけを取り入れようとします。自分の考えと矛盾するおそれのあるものは、すべて無視してしまうという傾向があります。

やる気を起こさせるのが難しいのはこのためです。その信じこんだことを変えさせることは、なかなか大変です。こちらが逆にその人の悲観的考え方に負けてしまうこともしばしばあります。

やる気をなくしていく過程

人間に今までとは違う行動をさせようと思うならば、その人が持っている考えや信念、あるいは期待や予想を別のものと取り替えてあげればよいのです。そして、その際に最も大切なことは、新しい期待を持たせるということです。

予想や期待というものは、人間を行動に駆り立てる動機のうちで、最も強力なものといえます。人間は楽しいことをする場合でも、不愉快なことをする場合でも、あるいはまたよいことをする場合でも、悪いことをする場合でも、これをしたらたぶんこうなるだろうと期待を持って行動しています。

しかし、いつもその期待通りにいくわけでもありません。本人以外の他の力が働いて妨害されるからです。

いずれにしても、私たちは、自分の期待するものの方向に向かって進んでいくのです。その期待は、自分の好きな期待の場合もあれば、嫌いな期待の場合もあれば、あるいは不安な期待の場合もあります。

しかし、自分の期待するものが、不愉快なものだったり、有害なものだったりすると、無意識のうちに自分をだます場合があります。自分の期待するものが、本当はあまり人間に役立つものではないのですが、人間に役立つ真面目なものだと無意識のうちに自分に信じさせて、行動している場合があるのです。

人間に今までの期待を捨てさせ、別の新しい期待を持たせることができれば、その人は今までとは違う行動をするようになります。人間の期待というものは、過去のさまざまな経験、あるいはその人の素質などよりも、もっと強いものです。

もちろん、私たちの過去の経験は、現在の意見や確信、あるいは期待をもたらすのに大きな役割を果たしています。しかし、過去の経験だけでは、現在の行動を別な新しい行動に変えることはできません。

人間がやる気をなくす過程は、やる気を起こす過程とまったく同じです。自分は物事をもっとたくさん、もっと上手にやることができるという気になりさえすれば、やる気は起こってきます。逆に、自分には何事も上手にできそうもない、という不安が高まれば、やる気をなくしていきます。

人間は、自分の能力や才能に自信を持ったり、自信をなくしたりします。いったい、何が影響してそうなるのでしょうか。外部からやる気をなくす刺激を受けると自信をなくします。

今の時代は、あまりにもやる気をなくすものが多すぎます。現代の人はお互いにやる気を起こしあっているのではなく、お互いにやる気をなくしあっていると言っても言いすぎではありません。

したがって私たちは、やる気をなくさないように、いろいろと準備なり、対策を立てておく必要があります。

人間が持つ「弱さ」

今私たちが生きている社会ほど、お互いにお互いのやる気をなくしあっている社会はないように思います。こんなに厳しい競争に明け暮れていれば、自分には社会の一員としての能力があるなどというふうには、とても考えられなくなります。

私たちはいつも、人生の問題を果たして上手に処理できるのだろうか、困難や危険を克服して生きていけるのだろうか、といった不安を持ちながら生きています。

しかし人間は、さまざまな不安を抱きながらも精一杯努力して生きてきましたし、現に努力して生きています。

人間は、同じ大きさの他の動物と比べると、体力的には劣っています。しかし、集団をつくったり、武器をつくることによってそれを補ってきました。しかし、そういった知恵が発達したばかりに、人間は新しい種類の不安や劣等感を味わわされています。

つまり人間は、この宇宙と比べると人間はあまりにも小さすぎるといったことや、避けることのできない死といったことを意識するようになったのです。

このような巨大な宇宙に対する劣等感を克服しようとして、人間は宗教とか芸術とかいったものに力を入れはじめました。つまり人間は、神に近づこうとしたり、不滅なるものを求めようと努力したのです。

こうした劣等感を克服しようとする人間の努力は、人間を成長させることに大いに役立つようにも思われます。

自分は他の人より劣っているという気持ちは、人間一人一人にとっては意味のあることのように思われます。しかし、この劣等感は自分と他の人を結びつけるのではなく、自分と他の人を対抗させる働きをします。

末子は、両親や他の大人たち、あるいは兄姉たちの体の大きさや、その能力と比べて、自分がはるかに劣っていることを身をもって体験します。したがって、育て方を誤ると、子どもの劣等感をますます強めてしまうことがよくあります。

では、社会的劣等感とはどうなっているのでしょうか。封建制度が続いている間は、自分の意思で社会的地位を昇り降りするなどということは、とうてい考えられることではありませんでした。封建制度が崩れ、社会が流動的になりはじめてからは、その人に能力さえあれば、誰もが社会的地位を得ることができるようになりました。

ということはつまり、自分の地位がいつも安泰だとは、誰も確信できなくなったのです。どんなに高い地位にいる人でも、いつ落ちるかわからなくなったのです。その不安におびえる気持ちを鎮めようとして、他の人を見下したり、他の人のやる気をなくするようなことをせざるをえなくなったのです。

家庭内の競争がもたらす悪影響

お互いのやる気をくじきあうというおそろしい勝負をするのに、家庭というところは非常に好都合な場所です。家庭以外の場所では、他の人を見下してやりたいと思っても、ほどほどに抑えておかねばなりません。そうしなければ仕事はうまくいきませんし、社会生活を続けることができなくなるからです。

私たちは、自分の感情や意見をあまりあからさまに表面に出さないように心得ています。そうすることによって、表面的調和をある程度保っているわけです。

しかし、最近の家庭生活、特に大都会における家庭生活は、そういうわけにはいきません。夫と妻の関係、親と子の関係、あるいは兄弟姉妹間の関係においても、競争や衝突が起こらないようにする歯止めは何もないのです。

夫と妻のどちらか一方が家庭を支配しているような場合は、争い事は制約を受け、たとえ争いになったとしても、それほど徹底的には行なわれません。しかし、家庭の中に民主主義的な平等の精神で満たされている場合には、家庭における一人一人は、自分の行動は自分で決め、他のメンバーよりも優位に立とうとするのが普通です。

しかしこれは、民主主義が家庭の調和や平和を保つのに役立たないということではありません。民主主義を深めることによって、直すことができることなのです。

ただ、民主主義の発達によって、社会の各メンバーは平等で、自分のことは自分で決めるという思想を持つようになったにもかかわらず、困ったことは、他のメンバーと対等につきあう訓練が充分になされていないということです。

今の子どもたちは、民主主義の発達の結果として、平等と自由を勝ち取っています。ところがそのことが、子どもたちの不適応や非行の大きな原因になっているのです。

それは、家庭や学校を中心とした教育制度が、その役割を果たしていないためです。最近の家庭や学校では、進んで協力したり、行儀をよくしたり、言いつけをよく守ったりする子どもだけが歓迎され、その他の子どもは、あまりかまってもらえないといった状態になっています。

子どもたちが言うことを聞かなくなると、親や先生はその子を叱るだけです。したがって、衝突はエスカレートします。

私たちには、対等の立場で生活を共にする伝統が、どうもないようです。したがって、争いが持ち上がっても、それを手際よく上手に処理することができないのです。

最近の子どもの育て方を見ていると、子どものやる気をなくすようなことばかりをやっているように思えてなりません。

私たちには、子どもを自分と対等なものと考えて、対処することはできないのでしょうか。子どもを対等なものとして扱わないものですから、子どもを過保護にしたり、子どもの自尊心を傷つけることになってしまうのです。

今の家庭では、子どもに用事や手伝いをさせて、どのくらいみんなのためになることができるかを、試みさせるようなことをほとんどしていません。あるいは大人や年上の者は、年下の者に対して、自分のやるべきことは最後まで自分でやるように仕向けたり、自分のことは自分で始末するようなことをさせているでしょうか。

「まだ小さいのだから……」ということで、特別扱いをしているのではないでしょうか。幼いということを過大評価しているのではないでしょうか。

兄弟姉妹間の足のひっぱりあいもよく見かけます。ほんの少しでも、他の者が何かに恵まれていたり、優れていたりすると、そのことをねたみ、自分が上に出ようとして競争します。

このような兄弟姉妹間の争いは、日常茶飯事になっているので、正常なことで子どもには避けられない行動なのだと思いこんでしまっている人が多いようです。

しかし、これは間違った考え方です。子どもたちの喧嘩を上手にやめさせてみると、このことははっきりします。子どもたちは、お互いに仲よくやっていくことを覚えることができるからです。最近の兄弟姉妹間の激しい競争は、子ども一人一人の成長によくない影響を与えています。しかし、そのことはあまり問題にされていません。

子どもが、すぐ目の前の物を奪いあうのは、よくあります。それはよく目に見えますが、競争のほうは目に見えないところで、誰にもわからないように上手に行なわれるので、私たちは見逃してしまうことが多いのです。

子どもは、自分のほうが相手よりも上だとはっきりさせようとして、競争意識を駆り立てます。家庭の中の雰囲気として、大人も子どもも、あるいは男も女も、みな同格なのだという意識が欠けているものですから、子どもも、他の子より優れているか、劣っているかという目で見られます。

もちろん、他の子より劣っていると言われて喜ぶ子はいません。

したがって、子どもはみんな他の子より少しでも優位に立とうとして、相手の弱点を見つけることに必死になるのです。

相手の性格、相手の才能、相手の興味など、あらゆるものが、子どもの競争の対象になります。相手がやって失敗したことを、自分は成功させてみせようと懸命に努力します。そういった競争に敗けた子どもは、敗北感と無力感とを味わわされるだけなのです。

家庭内での子どもの競争は、主に第一子と第二子の間で起こることが多いようです。したがって、性格の違いが一番大きく現われてくるのは、はじめの二人の子である場合が多いようです。

親は、子どもたちにどうして性格の違いが出てくるのか、よく知らないものですから、兄弟姉妹間での競争でできた性格の違いをさらに大きくするようなことを無意識にやっています。

これが、子どものやる気をなくす原因の一つです。こうして出来上がった性格は、なかなか変わるものではありません。そのままにしておいたら、一生続くかもしれません。

もし子どもが、「他の子にはできて、自分にはできない」と固く信じていることがあると、その子どもは、他の子ができることには決して身を入れて努力しなくなります。一人の成功は、常に他の者の犠牲の上に成り立っているのです。

また、競争で運よく成功を収めたような子でも、何らかの傷痕を持っていることに注意しなければなりません。自分が負かした相手に自分が及ばない点があると気にする場合があるからです。その及ばない点が、たとえとるに足りないような些細なことであっても、あるいはまた、社会的にあは、「相手の子に及ばなかった」ことだけが、心に強く残り、気にかかるものなのです。その子にとってまり望ましくないものであっても、その子にとってはどうでもいいことなのです。その子にとって

子どもを「悪の道」へ走らせる傾向

できのよい兄弟姉妹と絶えず顔をつきあわせて生活している子どもは、自分の弱点は直しようがなく、まったくだめな人間だと信じこむようになるのはいたし方がないと思いがちですが、このことは考え直してみる必要があるように思われます。

というのは、その子は本当はだめな人間ではないのに、自分はだめな人間なのだと決めてかかっている場合があるからです。そして、私たち大人がそのことに気づいていない場合がよくあるのです。

私たちが、そういったことに気づきにくいのは、その子が、自分はできが悪いと頭から思いこみ、わざと負け犬のような行動をとって、親や先生を実に上手にだましているからです。

他の人より優れようとすれば、それだけに失敗も必ずついてまわるのだということを、私たちはもっとよく知る必要があります。つまり、できのよい子どもほど、傷つきやすいといえます。子どもがよく勉強するのは、勉強が好きだからではありません。他の子より優れていたいばかりにそうするのです。

しかし、自分が相手に勝てないとなると、今までの努力をまったくあきらめてしまい、今度はあ

まり好ましくない逆の方向へ方向転換します。うんと悪者になることによって、満足を得ようとするわけです。

成績の悪い子どもの多くは、実際には地位や名声を手に入れたいという野心が大いにあるのです。ただ、いくら努力しても地位や名声が手に入らないので、努力するのをやめている、と考えて差し支えないと思います。

子どもが自ら努力したり、勉強したり、協力したりするのは、野心以外にないように思います。いわゆる非行少年たちの多くは、野心過剰な若者なのです。ただ、やる気をくじかれているものですから、法律を破ったり、大人に反抗したりすることで穴埋めをし、自分を満足させようとしているだけなのです。

他の子より優れた者になろうとする努力は、家庭の中からはじまり、その後、隣近所や学校などにおいて続けられます。親や先生は、他の子より優れた子になるよう、子どもの尻を叩いています。成績がほどほどである大多数の子は、「今のような成績ではだめだ！　もっとしっかり勉強しなさい」と口やかましく言われるし、成績のよい子はよい子で「勉強ばかりしていてはいけません！　もっと運動でもしなさい」ときつく言われます。

つまり、今のお前で充分なのだと言われる子はいないのです。仮にそう言われる子がいたとしても、その子自身は、やはり、もっとよくならなければいけないと信じるでしょうから、今の自分に満足することはまずないのです。

「もっと勉強をしろ！」「もっと成績を上げろ！」「もっと努力しろ！」と子どもを駆り立てる今の

風潮が続く限り、子どもがやる気をくじかれる傾向はなくならないでしょう。このままでいく限り、よい子、悪い子に関係なく、どんな子にも、やる気をくじかれる傾向ははびこっていくでしょう。

そしてたぶん、自分が優秀だという自信が持てない子ほど、やる気をなくしていくかもしれません。あるいは、うわべは普通の状態に見えても、心の内では大いにやる気をなくしている子がいることを、私たちは知らなければなりません。

悪事は伝染する

子どもが悪事を働いたり、失敗を重ねたりする根本的な原因は、やる気をくじかれることにある、というのは間違いないように思います。

世間一般に認められている普通の方法で、上手にやれるという自信さえなくさなければ、誰だって、悪事を働いて叱られたり、失敗して苦しんだり、やりたいこともやれずに欲求不満に陥ったりするようなことはありません。

悪事を働くには、それ相当の勇気や努力がいりますし、犠牲も伴いますから、よほどのことがない限りそう簡単に誰にでもできるというものではないのです。しかし、悪事には大きな魅力があります。悪いことをすれば、特別な名声とか、権力とかが簡単に手に入るのです。

学問とか、芸術とか、あるいはスポーツといったことで成功するには、途方もない努力や、生まれつきの才能にかなり恵まれていなければなりません。成功するチャンスは、おそらく何千人に一人か、何万人に一人といった割合でしょう。

ところが、大人の期待をくじき、大人の言いつけに背きさえすれば、それだけで特別な人間扱いをされ、仲間から尊敬され、ひとかどの人物になった気分が味わえ、仲間に一目置かれる地位が手に入るのです。

悪事を働くようになるのは、やる気をくじかれた子どもがたどる、最もありふれた成り行きといえます。

しかし、悪事を長い間続けるにも、相当の勇気が必要です。多くの少年犯罪者に、頭がよく、有能な若者が多いのはこのためです。彼らは悪事を途中であきらめずに、最後まで自分の思いを貫こうとしているのです。

一方、たいていの子は、勝ち目がないとわかると、すぐ身を引いてしまいます。子どもは負けたときでも、この負けはほんの一時的なものであって、いずれまた成功してみせるという期待を持っている限り、努力することをやめたりはしません。

この意味で、失敗や敗北がきっかけになって、特別に努力してみようという気になり、素晴らしい成功を収めることもあります。しかし、成功する望みが完全に断ち切られたと感じたときには、まったくやる気をなくしてしまいます。

子どもが、いくらやってもだめだという結論にいつ到達するのかは、簡単に言えませんが、結果はすぐさま現われます。そして、親や先生が、そのことをすぐに正そうとして見当違いなことをするので、子どもは、自分はこれをやっても見こみがないと決めてしまうのです。

子どもの中には、まともなことで成功しようと努力する子もいますが、今までとは違った別の悪事を働いて、地位や権力をまた得ようとするのが普通のようです。

ここで非常に大切なことが一つあります。それは、子どもが何らかのことで努力を投げ出してしまうと、そのことが生涯を通じて、その子どもの弱みとなって残るということです。

親や子ども、あるいは教育に携わる人、誰もがこのことをよく理解する必要があります。

子どもが力を振るえることが別に見つかると、今までのやる気をくじかれたもののほうは、すっかり忘れ去られてしまうのです。私たちは、子どもの才能は、たまたま成功した分野にしか向いていないのだと判断しがちですが、やる気をくじかれなければ、子どもの才能は、他にもあったのだと気づく必要があります。

このことは、非常に重要な意味を含んでいます。子どもが、やる気をくじかれたらすぐそれを見つけ、子どもを失意から救いだしてやらない限り、その子は一生やる気をなくした子として育てられることになります。つまり、その子がその後、たとえ手柄になるようなことをやったにしても、それはあとのまつりということです。

やる気をなくしたその瞬間、その子の性格はゆがむのです。たとえ、どんな小さなことでも、やる気をくじかれたとなると、子どもの心は傷つきます。そして、臆病で、こわがりやの人間になってしまいます。

私たちの周囲には、不安を生じさせる物事が満ちあふれています。人生を立派に生き、自分の可能性を実現するには、それ相当なやる気を必要とします。どんなことであろうと、子どものやる気を奪うということは、その子どもから勇気を奪うことになります。

やる気をくじかれると、自尊心や誠実さといったものがだんだん薄れていきます。そして、とどのつまりは、言い訳を言ってみたり、心配や不安に陥ったりします。最も厄介なことは、やる気をなくすのは伝染するということです。

やる気をなくした子どもは、自分には能力がないと信じきっていますから、その子どもにやる気を起こさせようとする人の気力を、いとも簡単にくじいてしまうのです。せっかくやる気を起こさせてやろうと努力しても、このような障害があって効果が上がらないとなると、お互いにやる気をくじきあうことになり、親や先生は、あまりにもあっさりと、やる気を起こさせることをあきらめてしまいます。

この原因の一つは、子どもが自分はだめな人間なのだということを、先生に信じこませるのが実に巧みだからともいえます。もう一つは、先生方が、現代の子どもにやる気を起こさせるには、どういう方法や技術を使うのが効果的なのかを知らないということがあります。このことが、子どもの置かれている状態を、さらに悪くしてしまっているともいえます。

やる気をなくした子どもを勇気づける技術は、それほど難しいものではありません。ただ、この技術を身につけ、実行できる人は、自分は絶対にやる気をくじかれたりはしないぞ、という強い信念を持った人に限られるといえます。

そういった意味では、子どもを勇気づけ、子どもにやる気を起こさせる技術は、誰でも持っている技術ではないといえるかもしれません。

第4章

やる気を起こさせる仕組み

勉強しない子ども、悪いことばかりする子ども、手伝いをしようとしない子ども、こういった子どもを指導する場合に大切なことは、その子がどうしてそういう行動をするのか、その動機や意図をはっきりととらえることです。

子どもの行動の動機となるものを理解するには、心理学や精神医学のいろいろな方法が役立ちます。ここでは、そのうち専門家の指導を受けなくとも使える方法について、特に述べます。

行動を観察する

この方法は、やる気を起こさせる方法をよくふまえたうえで使用するなら、非常に効果的です。ただし、観察する人は、次のような条件を備えていなければなりません。

(1)子どもがどんなつもりで、そのような行動をしたのかを知っていること。そのためには、子どもを観察する人は、子どもが行なった行動を先生や親の価値観からではなく、実際に行動を行なった子どもの目を通して見る必要があります。

(2)子どもが、何を求めているかを知っていること。その子がやったことや、その子のやり方を観察するのではなく、その子が意図していること、すなわち、その子の行動の目的を見つけなければなりません。

(3)子どもの行動は、どんな行動であれ、それぞれの意味を持っています。したがって、その子どもに特有の行動であれ、日常的なものであれ、あるいは異常と思えるものであれ、関連ある行動は、すべて観察しなければなりません。

(4)子どもの行動は、外部からの刺激に対する反応だけではありません。子どもはグループの一員として、認めてもらおうとして行動する場合が多いので、その行動は子どもにとっては建設的な行為であるのだということを、よくわきまえることです。

(5)観察した行動を解釈するときは、どんな目的で行なったのかを中心に分析すること。

(6)何度も繰り返して起こることをよく観察することです。

(7)その子どもが、成長段階のどのへんにあるかを知っておくことです。

つまり、観察をする場合に大切なことを要約すると、次のようになります。

子どもの行動の前後関係をよく知り、子どもから見た行動の意味をよく理解し、その子に特有の行動と異常な行動の両方を、そのときどきの状況の中で観察し、繰り返し現われるパターンを探し出し、そして、子どものすべての行動を、子どもが自分で決めた目標への動きとして理解することです。

観察の成果を上げるためには、子どもの行動とはどういうものかを、よく知っておく必要があります。つまり、子どもを正しく理解するには、子どものすること、なすことすべてにはそれぞれ意図があり、その子どもの心がまえ、目標、あるいは期待を表わしている、ということが理解できなければなりません。

子どもの行動は、行き当たりばったりに行なわれているのではありません。子どものすべての行動を観察して、そこにその子特有のリズムがあることに気づけば、その子の人間性は、一つのものに統合されていることがわかります。行動を断片的な切れ端として観察したのでは、子どもの全体を理解することはできません。

このようなことをよく知ったうえで、子どもを注意深く観察すれば、子どもの行動がよく理解できます。したがって、その子に対して適切な対応策がとれます。

子どもを観察してまず気づくことは、子どもを動機づけている意図です。ある子どもは、一番になることの他に、人生の目標はないかのような行動をします。このような子どもは、一番になろうとして懸命に努力しますが、一番になれないとなると、今度は最悪と思われるようなことをやりかねません。

また、グループ内で自分の役割は厄介者になることだ、という考えのもとに行動する子どももいます。あるいは、先生とか母親とかのあと押しがなければ何もできない子もいます。あるいはまた、お姫様とか、いじめっ子とか、弱虫、暴君とかいった特別の役割を引き受けることによって、安らぎを得られる子もいるのです。

子どもの心がまえは、その子の行動の観察を通じて知るだけでなく、その子の姿勢、人に接する態度、あるいは顔の表情などからも知ることができます。

また、訓練を積んだ観察者なら、子どもの意図することや目標を推測することもできます。行動をただ単にそのまま記録するだけでは、意味がありません。そこから子どもの意図するものを推測して、理解できなければなりません。

観察する技術を上達させるためには、変わったこと、面白いことが起こるたびに、それを正確に記録することです。この記録は子どもの特定の行動を説明できるとは限りませんが、あとになって大いに役立つことになります。

ダニエル・プレスコットという人は、記録する上手な方法を次のように説明しています。

(1)行動の起こった日付、場所、状況、つまり行動の背景がよくわかること。

(2)子どもの行動に対して、相手がどのようなふるまいをしたか。そのふるまいに対して、その子はどのように応じたかがわかること。

(3)子どもが行動しているとき、周囲の人がその子に言ったことと、その子が言ったことを記録してあること。

(4)その子の姿勢、身振り、声の調子、顔の表情など、その子の気分や感情を知る手がかりになるものを記録してあること。

(5)その子のエピソードがたくさん記録してあること。

このように子どもの行動を記録できれば、記録はしっかりしたものになり、子どもの行動を理解するうえで非常に役に立ちます。

私たちは、自分と子どもの間に起こるさまざまなやりとりを、常に知っておかねばなりません。子どもはいつも、そのときの状況を自分なりに解釈して行動します。

私たち大人の行動を見て、子どもは自分の行動を決めることも珍しくありません。しかし、多くの場合はその逆で、子どもの行動に私たち大人が動かされています。大人は子どものリーダーの役目を果たすどころか、子どもに引きずられているといってもいいくらいです。

子どもが、どんな動機を持っているかを調べる方法はいくつかあります。もし、子どもがある行動をとるに至るまでの仕組みを知ることができれば、その子の一つ一つの動作の意味はある程度理解できます。

やる気を起こさせる効果

子どもの才能や能力を開発しようとする場合、「まずやる気を起こさせること」が必要ということをよく知る必要があります。子どもにやる気を起こさせようとするとき、いつも問題になるのは、子どもが自発的に動こうとしないことです。

まず、子どもに仕事をさせようとする場合は、ただ単に仕事を押しつけるのではなく「仕事がたくさんあって大変だね」といったように、最初にねぎらいの言葉をかけてあげる必要があります。次に、一度にたくさんのことをさせようとしないで、手ごろな量に分けて割り当てる必要があります。そのほうが、ずっと、やってみようという気になるものなのです。

子どもを指導しようとする場合には、子どもの長所や短所を知るだけでなく、その子がやる気を起こすような勇気づけが必要です。このことを知ることが、子どもを指導する人の第一の条件といえます。

子どもは誰でも、自分は立派なんだと思いたがっています。つまり、いつも不安のない安全な状態でいたいと願っています。このような状態に子どもをおくことが、子どもをやる気にさせることにつながるのです。

エディス・ネイザーという人は、子どもに接するときの心がまえとして、次の六つのことを挙げています。こうした心がまえで子どもに接すれば、いつも安全な状態にあるという気持ちを子どもに持たせることができます。

(1)「君ならきっとできるよ」という態度を常に示す。

(2)「やってみるのはいいことだよ。失敗することなど考えないほうがいいよ」と、積極的に取り組むことを促してやる。

(3)必ずやりとげられるような援助をしてあげる。つまり、子どもに手の届かないような標準を示さないこと。

(4)その子なりにうまいことをしたら、必ずほめてあげること。「君には立派にやりとげる力があるんだよ」というように、その子を信頼していると伝えること。

⑸子どものあるがままを受け入れてあげること。批判がましいことを言わずに、その子を好きになってあげれば、その子も自分自身が好きになり、自信を持つことにつながる。

⑹子どもにある程度の権利と特典を許してあげること。

先生が子どもに対して、このような心がまえで接することができれば、子どもにやる気を起こさせ、勉強好きな子にすることができます。

このような心がまえで臨めば、子どもは、あなたから「信頼されている」ことがわかり、安心します。子どもにとっては、この「信頼されている」という気持ちが非常に大切なのです。

先生と子どもがこのような関係で結ばれれば、まず、やる気を起こさせるのに失敗することはないでしょう。

やる気を起こさせると、どのような効果があるのでしょうか。有名な実験がありますので、次に示します。この実験は、アメリカのイリノイ州ウィネトカ（シカゴ郊外の住宅地。ウィネトカ計画といわれている）の公立小学校で行なわれたものです。

小学校一年に入学以来一年半もの間、読み書きをまったく教わらなかった子どもたちが、かなり以前から読み書きを習っていた生徒たちに追いつき、追い越したという結果が出ました。

この実験では、精神年齢も生活年齢もみな同じで、入学時の家庭環境も似ている生徒二五人が選ばれ、一年半の間、読み書きの正規の指導を受けませんでした。

教室の中には、読む読まないは自由ということにして、本が置いてありましたが、子どもは自分から本を読むことはなく、先生に読んでもらっていました。

この実験は七年間続きました。勉強のでき具合は、二学年の中ごろまでは、実験グループのほうが遅れていました。しかし、四年後には半学年ほど追い抜いていました。自発性、学習への熱意、協力といった点でも、実験グループのほうが勝っているという結論がでました。

実験グループに参加した子どもたちは、字が読めないということで、敗北感を味わったり、苦しむようなことは一度もありませんでした。

しかし、対照グループのクラスでは、字が読めなかった子は、おそらく敗北感を味わったことでしょう。その子たちがやる気をなくしたことが、クラス全体の平均点を下げる結果になったのかもしれません。

実験グループの成果がよかったもう一つの理由は、子どもたちにこれといった束縛がなかったので、特別に目をかけてもらいたいと思う必要もなかったし、あれこれうるさい要求をする大人たちもいなかったので、「自分は本が読めないのだ」などという奥の手を使う必要もなかった、ということです。

この実験は、子どもにやる気を起こさせることが、どんなに効果があるかを見事に示した例といえます。

さまざまな圧力や、反抗心や、失敗といったことに、学習を妨げられなかった子どもたちが、素晴らしい上達ぶりを見せたのです。それは、子どもたちの自尊心が高められたからです。

きちんとした子に育てようと思うなら、一方では自己を自由に表現する心がまえを持たせると同時に、他方では他の人に従順にふるまうようにしつけをし、しかもこの間のバランスをとる必要があります。

つまり、子どもにやる気を起こさせる場合は、その子が満足するだけでなく、その子が社会的にも望ましい人間になるように指導しなければならないということです。

やる気を起こさせることについては、次のような意見もあります。

今の子どもたちは、何をやっても、やる気をくじかれるようなはめにばかりあっています。子どもがよくないことをするのは、やる気をくじかれ、まともな方法では成功することができないからです。

やる気を起こさせるのは、あなたがその子を心から信頼しているのでなければできることではありません。それも、その子の将来の可能性ではなくて、その子が現在持っている長所や才能を信頼していなければなりません。そして、このことを、その子に伝えることです。

子どものあるがままの能力を信頼しない限り、その子にやる気を起こさせることなどできるものではありません。

やる気を起こさせる目的は、子どもに勇気と責任感を持たせ、勉強好きにすることです。子どもが社会的関心を高め、グループに役立つような能力を身につけるためには、どうしても、他の人からやる気を起こさせてもらう必要があるのです。

効果の上がる九つの方法

子どもにやる気を起こさせる人は、子どもに対して次のような接し方をします。

⑴子どものあるがままを評価する。

⑵子どもの人となりを信頼していることを伝え、子どもが自分自身に自信が持てるようにしてあげる。

⑶子どもの能力を信頼する。子どもの自尊心を培う一方、子どもからも信頼されるようにする。

⑷子どもの努力を認める。仕事を完成させたら「よくやった」とほめてあげる。

⑸子どもが目覚ましい進歩をとげるためには、グループの刺激が必要である。グループの活用を考える必要がある。

⑹子どもにとり、グループに属することが心の支えとなるように、グループのまとまりをよくする。

⑺子どもに技能を身につけさせるときには、子どもの気持ちや能力に合わせて、順を追って、あせらずに実施する。

⑻子どもの欠点ではなく、子どもの能力や長所がどこにあるかをしっかりと見定め、それを指導することに重点をおく。

⑼指導を活気あるものにするには、子どもが興味を持っていることを上手に利用する必要がある。

子どもを評価する

子どもを評価する方法について、ダニエル・プレスコットという人は、次のように述べています。先生が生徒に自信を持たせるには、子どもを真面目に評価してやる必要があります。真面目に評価するということは、子どもに感傷的な愛情を寄せたり、特別なことをしてやったり、あるいは一緒に何かをやってあげるといったことではありません。

子どもを評価するということは、その子が持っている内面的なよいもの、あるいは、その子の潜在的な能力を見つけ出し、その子を指導するために頭と時間を使うだけの価値があるのを、先生自身が心から確信することです。

子どもが、たとえ何か面倒なことを起こすようなことがあっても、その子のあと始末は自分がしてやる、というくらいの人でないと、子どもに本当に自信を持たせることはできません。

子どもを評価することについて、ある校長が次のような示唆に富んだ事例を報告しています。

事例…①

春のまだ早いころ、ごたごたを起こす生徒が当校に転校してくるという通知を、私は受け取りました。その子は中学一年生で、年のわりには早熟で、体も大きい子でした。

最初の日に私は、そのビル少年を校長室に呼んで、君が私たちの学校へ来たのを喜んでいると話しました。君のような少年に校内のパトロールをしてもらいたいこと、また、わが校のソフトボールチームで活躍してもらいたいことなどを伝えました。

私は以前から、この少年が運動が上手で、特に野球が好きなのを知っていました。ですから、私と二人で野球の話ができたことが、ビルは非常にうれしかったようです。

ビルは校内のパトロール係に任命され、その任務を立派に果たしました。小さな規則違反はやったものの、ひどい間違いは一度もやりませんでした。クラスの仲間には大変好かれ、同じ年ごろのグループのリーダーにまでなりました。

私はビルが非常に好きになり、今では私たちの学校の模範少年の一人だと思っています。最近、ビルの母親が学校に訪ねてきて、家庭でもビルの行儀がよくなり大変喜んでいることや、ビル自身も学校に行くことをとても楽しみにしていることを話して帰りました。

◆短評◆

この校長は、子どもに対して積極的な行動をとったわけです。その少年の評判に先入観を持たず、少年の長所を取り上げて、そこに目をつけました。

校長は、ビル少年には見どころがあるとして、信頼感を持ちました。そこで、仲よくやっていきたいと心から願っている気持ちが、ビルに伝わるようにふるまったのです。

ビルが、行動の面でも、心がまえの面でも、すっかり変わったという報告からしますと、手ごわい子どもに対しては、この扱い方が適切なものであったことがよくわかります。

子どもを信頼する

先生が子どもに信頼の気持ちを伝えるのに成功した例を次に示します。

事例…②

子どもたちは、学校の図書室に集まり、コールドコット賞（児童向きの絵本に贈られる賞）について、司書の話を聞いていました。司書の話が終わったあと、スミス先生が「あなたたちの中にも、立派なさし絵画家になって、この賞をもらう人がいるかもしれませんね」と言ったところ、チムという子が大きな声で「僕は今ちょうどお話を書きあげたところだけど、さし絵を描き入れれば、きっとすぐに賞がもらえるね」と言いました。

そこでスミス先生は、チムの言ったことに賛成し、チムは立派な絵描きさんで、とてもすてきな絵を描くねとほめました。スミス先生は決して「だめでしょうね」とも、「チムは賞をもらうには小さすぎる」とも、「もっと大きくなり、もっとうまく描けるようにならなければ……」とも言いませんでした。

◆短評◆

普通の先生でしたら、賞をもらうには、もっと絵を描くことだけに打ちこむ必要があるとか、学校の勉強をもっとよくやらなければいけないとか、お説教めいたことを言うでしょう。また、一人前の大人になるまでには、いろいろと大変なことがあるんだといったことも言うことでしょう。

しかしスミス先生は、子どもにやる気を起こさせるにはいい機会だと考え、チムが絵を上手に描けるのをほめることにしたのです。この先生は、チムがとても絵が上手なことに感心することによって、自分自身の能力にさらに自信を深めるように指導したのです。

子どもに自信を植えつける

先生は、その子どもを信頼していることを、態度で示すだけでは充分ではありません。その子が本当に先生から信頼されているのだ、と確信できるように、その子を納得させる力がなくてはなりません。

先生は「君ならきっとうまくできるよ」と、はっきり相手に言わなければいけません。そのよい例を次に示します。

事例…③

小学一年生たちが劇をやることになり、その劇の中には朗読をする場面があります。重要な役には、本をよく読める子が選ばれました。ところが劇をやる前日になって、その子が病気で欠席してしまったので、代役を探さなければならなくなりました。

ダニーは、教室で一度も本を読んだことがありません。本を読むことが嫌いで、上手に読むこともできません。しかし、先生はこの機会をとらえて、ダニーを勇気づけようと考えました。

そこで、次のように話しかけました。「ダニー、朗読をする役をやってみないか。上手にやる人がどうしても必要なんだ。君ならきっとできると思うんだけど」と。

ダニーは、気が進まなかったが、昼休みにテストしてみることにしました。テストは最高の出来ばえとはいえませんが、先生は、大変よく読めたとほめました。放課後もダニーの朗読を指導しました。

ダニーはダニーで、劇の台本を家へ持ち帰って練習し、翌日の劇でダニーは朗読の代役を立派に果たしました。ダニーはクラスの一員としての地位を、はっきりと手に入れ、クラスに溶けこんだのです。劇が成功したとき、ダニー自身も、自分がうまくやれたことがわかったのです。その日以来、ダニーは本を読むことが大好きになり、教室でも自分から手を挙げて、積極的に本を読むようになりました。

出来ばえをほめ、その努力を認める

子どもは、しばしば「自分にはうまくできないんだ」ということを、先生になんとか信じこませようとすることがあります。しかしその時、その子を適切にほめてやると、先生自身が驚くほど、その子は自分の力を発揮するものです。そのよい例を次に示します。

事例…④

トミーという少年は、いろいろな意味で問題児でした。算数の宿題をやってこなかったので、次の掛け算へ進むことができませんでした。

それでもトミーは一見平静をよそおい、いつもと変わりなくやっていました。ある日私が、算数のテキスト用紙を配り、トミーには掛け算はやらなくてもいいと言いました。ところがびっくりしたことには、トミーは掛け算にも手をつけ、しかも実に見事にやってしまったのです。

私は、みんなの前でトミーをうんとほめてやりました。みんなもトミーをほめそやしました。それ以来、トミーは算数がとてもよくできるようになったのです。

◆短評◆

この例からもわかるように、子どもをほめることが、どんなに重要であるかがわかります。この先生がトミーを信頼する道を選んだことは、大変賢明なことでした。この先生は慎重に行動し、トミーの努力を思いきりほめてやりました。

子どもが「先生の教えを聞く耳を持ったその時」、先生がそれを見逃さずにとらえて働きかければ、子どもによい影響を与えることができます。

グループ全体を上手に利用する

人間のあらゆる行動には、社会的に意味があります。子どもが最も重要だと考えているものの一つは、グループに所属したいということです。子どものこの考えに気がついている先生は、子どもの能力を伸ばすには、グループを利用するのが最もよいと考えるはずです。子どもの席順を変えて成功した例を、次に示します。

事例…⑤

四月のはじめに、私は子どもの席順を変えてみました。その際、ルース（女）とジョン（男）の席を隣合わせにしました。

ルースはいくらか引っこみ思案な子ですが、学校の成績は平均より上でした。ルースは読書が好きで、本をたくさん持っています。その中には、子ども向けの科学や歴史の本がいろいろあります。

ルースは、それらの本を学校の机やロッカーの中にしまってあり、暇を見つけてはいつも取り出して読んでいました。友だちとのつきあいはほとんどありません。

一方ジョンのほうは、活発で社交性に富んだ少年ですが、行儀がよくありません。成績は平均よりも少し下でした。成績が悪いのは不勉強もありますが、何でも早くやってしまうという気質も災いしています。

ルースとジョンの席を隣同士にしてから数日後、ジョンがルースに何の本を読んでいるかと尋ねているのに気づきました。

ルースはその本をジョンに渡しました。ジョンは本を読みはじめ、ときおり感想をもらしはじめました。素晴らしい写真に出あうと、声を出してルースの同意を求めました。その本は天体に関する本です。

まもなく、ルースはジョンに本を貸してやるようになりました。それからというものジョンは、学校でも家でも、かなりの時間を読書に費すようになりました。

最近、ルースとジョンが、放課後も外で話をしているのを見かけるようになりました。生徒たちの話では、二人は家へ帰るとき、ほとんど毎日一緒だそうです。

◆短評◆
この事例では、先生は二人の性格の違いに目をつけ、お互いにお互いの成績を助け合うように、工夫を凝らしています。席順を替えることも、効果的に行なえば大勢の子どもの成長に役立つようです。

グループを上手にまとめる

先生は、子どもの個人差をよく知っておく必要があります。一人一人の子どもの成長具合、興味の違い、能力の違いなどを計算に入れて指導方法を変えなければなりません。

と同時に、グループ全体ということにも注意を払わねばなりません。先生は常にグループ全体に気を配り、指導するように心がけるべきです。ある問題を勉強している小さなグループの例を次に示します。

事例…⑥

私が受け持っている生徒は、小学六年と中学一、二年生で、少年九人と少女一人です。毎日、午後二時から二時四五分まで、特別の教室で（私の私的な研究のために）各自が勉強しています。

グループのうち一人を除いて、他の者は全員、読解力が非常に遅れています。例外の一人は、上手になりたいからと、自ら進んでこのクラスに入ってきた子です。

私は、前々から生徒に「他人に頼らない勉強法」について説明してきましたので、子どもたちはみな、そういった方法はよいものだと信じきっています。ところが、ある中学二年生の少年ビルが、私の特別室から自分のもとのクラスに帰ったとき、急に泣きだしたそうです。

受け持ちの先生が、びっくりして「どうしたのか?」と尋ねると、「僕はテストで六つも間違ってしまって、もうどうしようもない」と答えたそうです。

私のやっているのは私的な研究なので、みんなに自分の点数を聞いたりはしていません。次の日、私はビルと二分間だけ話し合いました。「答えがわからなかったら、どうして私に聞かなかったの?」という私の問いに、ビルは「あの六年生のチビたちがいる前でそんなはずかしいこと……」と答えました。

「あの子たちは、あなたよりずっとやさしい問題をやっているのですよ。でも、あなたさえよければ、みんなにわからないように外で教えてあげたのに。どこがわからなかったの?」と聞いてみました。

「あの長音節と短音節の違いがわからなかったんです」という答えでした。「そうだったの、教えてくれてありがとう。たぶんあなたのクラスには、他にもわからない人がたくさんいるかもしれないわね。明日、受け持ちの先生に話して、全員に説明していただきましょう」と私は約束しました。

◆短評◆

この事例では、子どもが一人一人その子の学力に合った勉強ができるように、先生が工夫を凝らしています。子どもが自分一人で勉強することによって、先生が子どもを信頼していることを示しているわけです。子どもたちも責任を感じ、勉強がはかどっています。

指導は順を追って、あせらずに行なう

子どもを教えるということの中には、子どもが現在何ができるかについて気を配る、ということが含まれていなければなりません。

事例…⑦

ミリーという少女は、物覚えが非常に遅い子どもです。ミリーは小学五年生で、私が担当している女子クラブのメンバーの一人です。

そのクラブでやることは暗記が必要なことです。つまり、ある詩人の詩を暗記しておき、リーダーの前で暗唱するわけです。うまくできると賞がもらえるというものでした。しかし、今のミリーはどう見てもうまくできそうにありませんでした。

私はミリーと一緒に、暗記しなければならないところを一段落ずつ読み返しながら、ミリーに言いました。「さあ、このところがよく読めるようになったら次に進みましょう」と。このようにして、ミリーがある部分を覚えたら次に進む、という方法で少しずつ進めていきました。

ミリーが段落一つ一つを全部覚えたところで、もう一度全体に目を通させました。すると、全部が暗唱できるようになりました。「よくできたね」と言ってやると、ミリーはとってもうれしそうでした。

こうして二人で勉強して以来、ミリーはみんなの中で、困り顔で座っていることがなくなりました。以前にはとてもできることではないと思っていたことが、今では、やる気になりさえすれば自分にもできるのだということがわかったのです。

ミリーは、学習速度を自分に合うように調整することによって、やる気を出すことができたのです。この方法は、グループ全体を相手にする場合も使えるものです。

このミリーの例で私が気づいたことは、子どもにやる気を起こさせるには、子どもに絶対に無駄骨を折らせてはいけないということです。私は体育の科目を受け持っていますが、いつもこの方法を使っています。

運動がすごく上手な子もいるかと思うと、まったくだめな子もいます。私は「いつも心からほめてやる」という方針をとっています。どの子に対しても「とてもよくできたね」と言ってやります。下手くそな子どもに対しても、必ず何かほめられる部分を見つけてやることにしています。

子どもはほめられると緊張しなくなります。したがって、教えれば少しずつ進歩し、上手になっていきます。そして、他の子どもたちがその子の上達ぶりを、自分のことのように喜ぶことも珍しいことではありません。

◆短評◆

この先生は、理論的な確信を持って「真心からほめる」という方法を取り入れています。

子どもを順を追ってゆっくりと指導すること、あるいは、子どもが一生懸命やったところをずばりほめてあげること、これは子どもが上手にやれる早道といえます。

能力と長所に焦点を合わせて指導する

子どもの間違いを指摘し、診断することが、先生としての務めだと考えている方も少なくないようです。しかし、子どもを指導することが、子どもの間違いを指摘し、診断することだとすれば、それは先生にとっても、子どもにとっても決して楽しいものではないはずです。

子どもの間違いには、気をつけることも必要ではありますが、「正しくできたこと」のほうに重きをおく指導方法のほうが望ましいといえます。つまり、子ども一人一人の長所を意識的に探し求めるようにすることが大切なのです。

どの先生にとっても、学年はじめには、一人一人の子どもの優れているところを、はっきりとつかんでおくことは、きわめて大切なことです。先生が子どものよいところをつかんでいれば、先生と子どもの関係は、もっともっと改善されるはずです。

事例…⑧

ジョージという子どもは、宿題をいっさいやらない子でした。知能指数は普通です。ところが、新学年がはじまって三週間ほどたってから、ジョージがとてもよく本が読めるのに気づきました。

そこで、ジョージがこの才能を充分に発揮できるように指導しようと決めました。読み方が上手なことをみんなに知らせました。それからというもの、ジョージは他の科目にもやる気を見せるようになりました。グループ内でのジョージの地位は急激に上昇しました。

◆短評◆

この先生は、少年の持っている能力を見つけ出し、そこに指導の焦点を合わせることによって、少年の学力の向上とグループへの適応力を増すのに役立てたといえます。

第5章

状況・分野に応じたやる気の起こさせ方

私たちはここまでに、子どもにやる気を起こさせる基本的原則と一般的テクニックとを、具体的事例に結びつけて検討してきました。この章では、これまで学んできたことをふまえて、さまざまな状況や分野での「やる気の起こさせ方」を検討します。

子どもにやる気を起こさせようとする先生は、まず次に示す「やる気を起こさせる一般原則」を身につけておく必要があります。

(1)子どもを心から評価してあげること
(2)子どもに信頼感を示すこと
(3)子どもが自信を持てるように勇気づけること
(4)子どもの努力を認めてあげること
(5)子どもの仲間を活用して改善を図ること

⑹子どもが自分を改善するときの速度に合わせてあげること
⑺子どもの長所、能力、興味あるものに焦点を合わせ、指導すること

これらはすべて、やる気を起こさせるときに必要な基本的原則です。こういったことをすべて身につけ、実行できれば、子どもにやる気を起こさせ勇気づける雰囲気が出来上がり、先生は生徒に対して自信を持って接することができます。

子どもたちは、先生からタイミングよく適切な課題が与えられるので、学習意欲がますます増し、上達を早めることになります。

また、子どもたちは、自分のやったことの出来、不出来ではなく、一つのことをやりとげたかどうかということで評価してもらえるので、心おきなく力を出しきることができます。

先生と生徒がこのような関係を保つことができれば、教育の目的はほぼ達成されたことになります。

このように、子どもの扱い方を改めれば必ずよい結果が現われてくるのを先生自身がはっきりと認識すれば、子どもの誤りや欠点を見つけては指摘し、直すことのみに重点をおく指導というものはなくなっていくことでしょう。

しかし、やる気を起こす基本的原則だけを身につけているだけでは充分ではありません。子どもの状況の変化に合った対処の仕方が必要です。したがってこの章では、子どものおかれているさまざまな状況や分野でのやる気の起こさせ方を、具体的事例と結びつけて考えてみることにします。

子どもの技能を伸ばす方法

子どもの技能的な面を上達させるためには、まず、やる気を起こさせる手順をきちんと踏んで行なう必要があります。次に、作業がやりやすく能率が上がるような環境をつくってやらねばなりません。

ここで言う技能とは、日常の生活における体の動かし方ではなく、運動能力、楽器演奏能力、国語の慣用語の使い方、さまざまなゲームのやり方などをさしています。つまり、さまざまな手順が複雑にからみ合ったものを、うまく操作するのに必要な技能のことです。

やる気を起こさせるということは、子どもの成長に欠くことのできないものです。子どもというものは、「こういう人になるように」とお手本を示して勇気づけられると、その手本通りに成長していくものです。

子どもが社会的環境の中で正しく成長できるように指導してあげることがいかに大切かを、先生方はぜひとも気づいてほしいと思います。

子どもを心から信頼し、子どもの能力に確信を持ち、それを子どもに伝えれば、子どもはやる気を起こし全力を尽くしてがんばります。そして、自分にはこんな能力があったのかと自分を見直すようになります。

そこで、さらにもう一歩進めて、子どもに対するこの信頼と確信を、子どもにわかりやすい形に直して伝えるという、先生としての能力が必要になってきます。

子どもは、物事をそれほど上手にはできないかもしれませんが、その努力を上手にほめてやりさえすれば、自分の能力に自信を持ち成長していきます。この「上手にほめてやる」こと、これこそ先生にとってまさに必要な能力といえます。

技能的な面で、子どもにやる気を起こさせることは、子どものさまざまな分野で実行できます。その事例を次に示します。

事例…①

小学三年生の体育の時間で、子どもたちがキャプテンを四人選んでいるところです。三人まではすぐに決まりました。それから少したってから、もう一人のキャプテンにナンシーという子が指名されました。ナンシーは体格はまあまあですが、恥ずかしがり屋で、神経質なところがあります。ナンシーは困ってしまいました。

ナンシーははじめ、自分が指名されたのは、みんなの友情だと思いうれしくなったのですが、よく考えてみると、自分は引っこみ思案だし、運動もあまり上手ではないので、指名を受けるのをためらい、「私などだめよ、適任じゃないわ」と言いました。

そこで、先生は状況を見てとり、こう言いました。「いいえ、ナンシー、あなたならきっと立派なキャプテンになれますよ」と。ナンシーはキャプテンに選ばれました。先生は、ナンシーにキャプテンとしての特別の訓練をしてやりました。それからというもの、ナンシーは自分の腕前に自信を持つようになり、ナンシーのチームの成績もよくなりました。
ナンシーを意地悪で指名した他の女の子たちも、自分のそういった態度を反省し、そのつぐないをしなければならないと悟ったようでした。

◆短評◆

この場合、ナンシーを放っておけば、ナンシーは劣等感をさらに強めたかもしれません。そこで先生は、このままではナンシーのためにならないと考え、ナンシーのためになるように状況をつくり出しました。

この先生には、状況を正しくとらえる目とナンシーへの信頼があったので、ナンシーはやる気を起こすことができたのです。他の子たちに対しても、ナンシーを新しい目で見られるような影響を与えることができました。

事例…②

ビリーは九歳で、この近所に引っ越してきたばかりです。間もなく近所の少年野球チームに入れてもらえることになりました。ところが、ビリーは野球をやったことがなく、下手であることがみんなにすぐわかってしまいました。どのチームも下手なビリーをメンバーにしたくないので、たびたび争いが起きました。

そのため、ビリーは野球がますます下手になっていきました。ビリーは野球をやることがいやになってしまいました。野球がはじまると何かと口実をつけて、外へ出ていこうとしなくなりました。

ビリーの父親は、息子の野球が下手なのを知り、さっそくビリーとボール投げの練習をはじめました。しかし、ビリーのボール投げの下手さは相変わらずです。そしてすぐに「何か他のことをしたい」と言いだす始末です。

しかし父親は、ビリーはきっと野球が上手になると信じていました。そこで父親は、ビリーにも上手に扱えそうな、大きく軟らかいボールを買ってきました。そして、ビリーが上手に扱えるように、スピードを落として一緒に練習しました。

ビリーがうまくやったときには必ずほめてやりました。また、うまくできなかった場合でも、そのことには直接触れず、よかったところを取り上げて説明してやりました。

そんなことを繰り返しているうちに、ビリーにはだんだんと自信がわいてきました。父親がそれほど気を使わなくとも、父親の相手ができるようになりました。その後ほどなく、近所のチームに入って、みんなと一緒にプレーするようになりました。

◆短評◆

この父親は、適切な診断の結果、ビリーがやる気をなくしていることを見抜きました。そこで忍耐強く息子の相手をし、上手になる土台をつくってやりました。父親が自分の能力を認めてくれたので、この少年は自信が持てるようになったのです。

幼児の場合は特に、やる気を起こさせることによって、技能面の向上改善をさせやすいといえます。

幼児が物事をやるのが下手なのは、やる気をくじかれているか、何らかの不安を持っている場合が多いようです。それを取り除いてやることが大切なのです。

次の事例は、子どもが水への恐怖心をうまく克服した例です。

事例…③

バージニアは二歳と四か月の子どもです。この子が水をこわがるようになったのは、近所の大きな子どもたちが、乱暴に水しぶきをたくさんかけたのが原因です。

バージニアの水をこわがる心は並はずれていて、つま先を水たまりにほんのちょっと触れただけでも、大声で泣き叫ぶというありさまです。

私は、この子が水の恐怖心をなくして、プールや湖でみんなと楽しく遊べるようにする役を引き受けました。まず最初にやったことは、他の子どもたちがいないときを見はからって、バージニアをプールへ連れていくことでした。

私がプールで泳いでいる間、バージニアはプールのまわりを走りまわっていました。やがて彼女は、水にぬれて遊ぶのが面白くなってきたようです。

　彼女が水になじむペースに合わせて、手や足を少しずつ水につけることを順を追ってやってみました。そして最後には、プールのそばまでバージニアを連れていき、両足を水の中につけさせることができるようになりました。

　この子が水への恐怖心を取り去るには、忍耐強くやらなければならないことがわかりました。バージニアが水に入ることを少しでもいやがると、しばらくの間はそれを中止するようにして、水に入ることを強制しないようにしました。

　こんなふうに、ゆっくりとやっていくうちに、だんだんと浮袋をつけ、プールの浅いところで楽しく一人で遊ぶようになりました。やる気を起こさせることによって、水への恐怖心がなくなったのでしょう。私はこの子が水に慣れるのに、少しでも役立ったことをうれしく思います。

◆短評◆
　バージニアは水をこわがっていました。しかし、この人の忍耐と理解によって、自分にもうまく水遊びがやれるのだということがわかるまでになりました。

　子どもに恐怖心を克服させるには、ほんの小さなことでもいいから、成功を体験させることです。「上手にできた」という体験ほど、子どもにとって貴重なものはありません。

　技能の中でも、学校での成績向上に関連のあるものについては、子どもが上手にやれるようになる新しい方法を考えるべきだと思います。子どもの間違いや失敗を指摘しても、子どもの技能は向上しません。それよりも、子どもの腕前をほんのちょっとほめてやるほうが、よほど効果がありま
す。

事例…④

サリーは小学六年生で、読み方、話し方、算数の勉強をするために、私のクラスに通っています。サリーは最初、文字は書けないし、算数の計算はできないし、なにしろ何事も最後までしないので、評価のしようもないほどでした。

私はそこで、他の生徒の答案と模範解答を比べて、答案を直す手伝いをさせてみました。サリーは、この仕事をだいぶ気に入ったようです。今では、自分の勉強にもだいぶ興味がわいてきて、問題も最後までやるようになりました。

◆短評◆

この先生は、ちょっとしたことですが、普通の人にはあまり気づかない、非常に効果的な方法を使ったわけです。サリーは、自分の勉強でさえ最後までできないのだから、先生の手伝いなどできるわけがない、と考えるのが従来の考え方です。

しかし、この先生は、サリーの悪いことにやきもきしないで、自分の仕事の手伝いをさせたわけ

です。サリーは、責任のある仕事をさせられたことに感激しました。先生に信頼されていることを感じて、自分の能力に自信を持つようになったのです。

事例…⑤

チムは一一歳です。九九がよくできないので算数が嫌いです。私はチムに、九九の答がすぐわかる表をつくらせました。やがてチムは、その表を一枚つくって、私のところへ持ってきました。私はそこで「まあ、よくできたこと。これをほしがっている子が何人かいるわ。すまないけど、もう何枚かつくってくれない」と言いました。

次の日チムは、その表をさらに四枚つくってきました。私は礼をいい、その表を活用しました。チムは表をつくっている間に、九九がよくわかるようになり、算数もよくできるようになりました。

◆短評◆

教育の効果を上げるためには、できごとをタイムリーに利用することが大切です。この先生は、チムが他人に役に立ち、同時にチム自身のためになる機会をタイミングよくつくり出したのです。

もしチムが、宿題としてこの表づくりをさせられたのなら、いやいやながらやることになり、収穫は何もなかったでしょう。他の人たちのためになることをし、それが自分にも役立つということがわかったからこそ、チムは自分がグループの一員であり、グループのために役立っているという気持ちが持てたのです。
チムは、自分のすることが周囲から注目され、重んじられるような機会を与えられたから、自分の技能を伸ばすことができたのです。

学習方法を改善する

読み方

文字を読むことは、あらゆる勉強の基本となるものです。その意味で、この分野でやる気をくじかれた子どもに手を差し伸べる場合は、やる気を起こさせる原則をはっきりとつかんで接することが大切です。

事例…①

ビリーは一一歳です。知能指数は平均以上ですが、国語は数年分は遅れています。そこで私は、ビリーの今の学力に合った教材を使って指導してみました。また、ビリー自身がつくったお話のコピーをとり、それを読む勉強もさせてみました。読む練習になるような簡単なゲームもやってみました。

いろいろやっているうちに、だんだんうまく読めるようになってきました。少し難しい問題に取り組むときの様子を見ていると、だいぶ自信がついてきたようです。

私は、ビリーの間違いを指摘するようなことをせず、うまくできたところをとらえてほめてやるように心がけました。また、全体としてもよくできていることを認めてやりました。

◆短評◆
この先生は、ビリーに適切なレベルの教材を使ってスタートしています。ビリーの学力、能力に焦点を合わせることによって、学力の向上を図ったのです。先生からベストを尽くしていると信頼されていることを知り、さらに難しい問題にも挑んでみる気になったわけです。

事例…②

ダニーは小学五年生です。低学年のうちはよい成績を上げましたが、その後だんだん読解力の成績が落ちてきました。先生はダニーに、このぶんでは進級できないかもしれないと言いました。

ダニーは不安になり、素行も悪くなりました。先生はそのお返しに、彼を席に座らせ、同じ文章を一〇〇回ずつ書くように言いつけました。

テストの結果、学力が二年生程度にまで落ちてしまいました。案の定、落第し進級することができませんでした。
ダニーの前の担任の先生が頼まれて、彼の家庭教師をすることになりました。この先生は、まずダニーの現在の学力を調べることからはじめました。次にダニーが興味を持っていることが書いてある本を、いくつか探しだしてきました。
ダニーは、その本の中に出てくるお話を読むことに興味を持ち、読むことが好きになりだしました。だんだん学力もついてきて、次の学力テストのときは六年生並みの成績を上げました。
この家庭教師の勧告もあって、ダニーは六年生に進級しました。ダニーは大変喜んで、それ以後もよい成績を上げ、素行もよくなり、特別進級の計らいにも充分にこたえました。

◆短評◆

最初の先生は、ダニーの能力をまったく信頼していません。この先生は、脇道にそれたダニーを元に引き戻すのに罰を与える方法をとっています。そのために、ダニーの素行と学力はさらに悪くなったのです。

一方、家庭教師の先生は、ダニーの興味と、彼がうまくやれそうなことを手がかりにして解決の手段を見出しました。そして、ダニーの努力は実を結んだのです。

ダニーは読解力は身についたが、彼にしてみれば、本の中のお話がどうなるかのほうが先に立っていたのであり、読み方の勉強をしていたのだという気持ちは念頭にありませんでした。

家庭教師のダニーに対する取り組みから見れば、ダニーには見どころがあると認めていたことは明らかです。このことが、ダニーにやればできるという自信を植えつけたのです。

事例…③

ゲリーは中学二年生になった今でも、下から数えたほうが早いくらいチビです。彼には幼稚さがいろいろ残っており、自分に対する自信も欠いているので、進級させるかどうか問題となっています。

ゲリーの親は、落第することだけはなんとか防ぎたいと考えていました。そこで両親や親類の者たちは、ゲリーを発奮させようとして、成績のよい従兄弟たちと比較してゲリーを扱いました。

その結果、ゲリーはひどく自信をなくし、どもりになり、勉強などまったくやらなくなってしまいました。

ゲリーはだいぶ前から、勉強、とりわけ読むことでは、いい点がもらえることなんかないんだとまったくあきらめてしまっていました。つまり、すっかりやる気をなくしていたのです。

ゲリーは、成績が悪いのは自分に能力がないためだと考えていたし、何かみんなから注目されるようなことがあっても、それも自分が無力のためだと思っていました。

毎年行なわれる夏期講習会に出席することは、ゲリーにとってわが身の能力のなさを確認する年中行事のように思えて、なんとも耐えがたいことでした。

心理学者の診断では、ゲリーの知能指数は普通で、国語の力は小学三年生程度でした。また、性格テストをしてみたら、さまざまなものに対して無力感を持っていることもわかりました。

その中でも特に、何でもよくできる妹の存在が、ゲリーの心を乱していることがわかりました。妹がよい成績を上げれば上げるほど、家庭の中での彼は、影が薄くなるばかりなのです。

ゲリーにできることといったら、人を喜ばせることと、自分の能力のなさをさらけだすことだけになってしまったのです。

ゲリーは、自分にはとても解決できそうにない、重々しい問題を抱えているような気持ちにとらわれてきました。それだけに、母親に頼る心持ちは非常に強いものでした。

ゲリーは、自分の問題を一括して取り上げ、解決する指導を受けることになりました。教材は、彼の実力よりも低いものを使うことになりました。

ゲリーは、自分の能力にまったく自信がないままに、このテストを受けはじめました。しかし、この指導に当たった先生は、ゲリーには、この学習をやりとげることができると信じていました。そして、このテストをやるかどうかはゲリー自身が決めることであるとも言いました。

ゲリーは、テストの教材をいくつか自宅へ持ち帰ってみて、自分にもやれそうだと思えるようになってきました。

その次に先生に会ったとき、ゲリーは自分がうまくやれたのでうれしくなり、やる気が起きてきました。そして、宿題をもっとたくさん出してほしいと頼むようになりました。数か月たって、ゲリー自身の努力と先生にほめられたことが相まって、ゆっくりではありますが、着実に成果が出てきました。
国語の力はだいぶついてきましたし、教室での授業も充分についていけるようになりました。仲間の子どもたちも、ゲリーは勉強ができるようになったといって、友だち扱いをするようになりました。それによってゲリーの国語の力はさらに高まりました。

◆短評◆

ゲリーのこれまでの先生たちは、だいぶ前から、この子は発育に問題があるのではないかと不安を抱いていたのでしょう。

両親も、ゲリーをますます悪い方向へ持っていったようです。従兄弟たちと比較し、ゲリーの自尊心を傷めつけるようなことをしています。

ゲリーは勉強ができないばかりに、何かと気まずい思いをしたり、だめな子だとみんなのさらし者にされたのでした。しかし、ある先生の適切な診断によって、ゲリーの潜在能力と現在の学力がはっきりわかりました。

ゲリーはその先生に信頼されることによって、やる気を起こしました。そして、与えられた教材を使って勉強してみたら、自分にもやればできることがわかりました。

そのうえ、グループの仲間から、新たに友だち扱いをされるようになったので、グループに所属したいという基本的欲求を満たすことができるようになったのです。

また、ゲリーができることに焦点を合わせた指導が行なわれたので、ゲリーは、自分の長所に気づくこともできたのです。

事例…④

ダレルは一二歳ですが、今まで何回も落第したので、まだ小学四年生です。学校の勉強では、手を抜くことばかりを考えてますし、家庭の事情もいろいろとこみ入っていて、しつけもよくできていません。

ダレルに対して先生は、同じ文章を何百回も書かせたり、教室から外へ出さないといった罰を与えたりしました。

調べてみると、ダレルの知能指数は普通でしたが、学力のほうは小学三年生程度でした。また、ダレルはやる気をなくしており、物の見方が悲観的で、自分というものの価値に無自覚なことが、性格テストの結果わかりました。つまり、自分には何もできるものがなく、一生懸命やってもだめなのだという気持ちが現われていたのです。

そこで、なんとかダレルを立ち直らせようとして、いろいろな教育的治療をほどこしましたが、ダレルは、さまざまな抵抗を繰り返すばかりでした。勉強や課題をやりたくないばかりに、赤ちゃん語を使ったり、ただ口をもぐもぐと動かすだけで決してやろうとしませんでした。

宿題を出されると、決まったように引き受ける量を少なくするよう要求し、しかもその勉強すら忘れてしまうか、できないといって先生のところに持ちこむかのどちらかといった状態でした。

そこで、セラピストが彼の指導をすることになりました。ダレルは何を目的としているのか、ということについていろいろな解釈がなされ、彼の学力の程度に合った教材が与えられました。ダレルは、やがて多少は勉強するようになり、積極的に努力すると必ずほめてもらえました。セラピストは、ダレルとの人間関係をよくすることに重点をおいたのです。

こうして数か月間、学校では依然として罰でいじめられ、家庭ではしつけに一貫性がなく、温かい人間関係もないという状況にあったので、進歩と退歩を繰り返していました。

やがて再テストが行なわれ、ダレルは小学五年生の学力があると判定されました。

◆短評◆

この事例から、一人一人の人間の問題を取り上げるときには、個々の問題を一つ一つ取り上げるのではなく、その人間の全体を問題として取り上げるやり方をする必要があることがわかります。学校での指導のまずさと、家庭の複雑な事情によって、ダレルのやる気はくじかれていたのです。ダレルがやる気を出したのは、何が役立ったのでしょうか。

第一は、セラピストによって、一貫して心からその人柄が買われたことです。第二は罰を与えるというやり方をされなかったこと。第三は学力に合った教材が与えられたこと。つまり、ダレルには自分の能力が信頼されていると、いつも示されていたのです。

事例…①

チムは、頭を使う勉強はよくできるのですが、つい急ぐあまり、書いた字ときたら、見られるものではありません。ところが宿題としてつくった詩がとてもよくできて、他のクラスからもぜひほしいのでくれないかと申しこまれました。自分の作品が認められて、感激したチムは、非常に丁寧に同じものを三部も書きあげました。

◆短評◆

必要に迫られて、どうしても読みやすい文字を書かねばならなくなったわけです。字を書くことが、チムにとって今さらのような重大なことに感じられたのです。みんなから注目されているため、書き方をおろそかにできないようになったわけです。

先生は、彼の長所である頭を使う勉強を大切にしながらも、一方では、好機をとらえて、きちんとした手作業をすることも大切であることを理解させたわけです。

郵便はがき

料金受取人払郵便

河内郵便局
承　認

508

差出有効期間
2021年3月
20日まで

（期間後は切手をお貼り下さい）

5788790

東大阪市川田3丁目1番27号

株式会社 創元社 通信販売係

創元社愛読者アンケート

今回お買いあげいただいた本

[ご感想]

本書を何でお知りになりましたか(新聞・雑誌名もお書きください)

1. 書店　2. 広告(　　　　　)　3. 書評(　　　　　)　4. We

5. その他

事例……②

私のクラスに、自意識が非常に強く、しかも左利きなので字が上手に書けずに、すっかり自信をなくした少女、メリーがいます。彼女は、字を書くときの手の動かし方が悪いので、字がゆがんでしまうのです。私も左利きだったのでメリーの気持ちがよくわかります。もっとも私は、そのために下手な字を書いたことはありません。

授業がはじまる前に私は黒板を使って教えてやり、鉛筆の正しい持ち方とその動かし方のお手本を見せてやりました。

メリーの書く字が上手になってきたので、機会を見つけては、黒板に字を書く手伝いをさせ、彼女に腕を振るわせました。それから間もなく、メリーは字を書くことに自信を持つようになりました。

◆短評◆

この先生は、メリーのために時間を割き、指導にあたっています。この先生がメリーの能力を信頼しているのは、上手に書けるようになるにつれ、黒板に字を書くのを手伝わせていることからもよくわかります。

先生がメリーの指導に力を入れたことから、クラスの子どもたちも彼女の手伝いぶりをほめ、励ますようになったわけです。

算数

事例…①

サムは中学一年ですが、体格も大きく、実際よりも年がいっているように見えます。知能指数が低く、読解力は小学四年生程度しかありません。サムは、他の子どもたちに劣等感を持っていました。

ごく簡単な問題を出してやらせたところ、少し上達の跡が見えてきました。当人もいくらかわかるようになったと言うようになりました。彼が他の子たちとなじんで、気楽につきあいだしたのが、そばで見ていてわかるようになりました。

サムは放課後、伯父の雑貨店で働いています。そこで私は、数学の時間に、食料品やその他の商品の値段を知りたくなると、すぐサムに聞くことにしました。すると、サムは他の人が知らないことを知っているということで、非常に自信を持つようになりました。

◆短評◆

この先生は、これならサムにもできるだろうと思う、やさしいことから教えはじめました。このことによって、クラスの子どもたちにサムを仲間として受け入れる道が開かれました。

先生はまた、算数の中でサムが持っている強みに注目しました。サムは雑貨の値段を知っているので、クラスの中でかけがえのない地位を得たのです。

事例…②

ロナルドという子は、算数がわからなくてひどく苦労していましたが、やっとのことであましがのみこめるようになりました。そのころ、サルバドルという子が私のクラスに入ってきました。

この子の算数がまた、まったくといっていいくらいだめでした。私はそこで、ロナルドに、サルバドルに算数を教えてあげてくれないかと頼みました。

その結果、サルバドルに算数がわかりかけてくると、今度はロナルドが、サルバドルの上達に刺激されてやる気を起こし、さらに強い興味を示すようになりました。

◆短評◆

ロナルドは、たまたま他の子の勉強を手伝ったところ、その子が上達するのを見て、自分の能力に対する自信がわいてきたわけです。それはまた、ロナルド自身が積極的に勉強するチャンスともなったわけです。

事例…①

ジョージという子は、理科の成績がよくありません。しかし、よく観察してみると、この子は手先が器用なことがわかりました。そこで、ジョージを理科の計画委員長にしてみました。委員長の仕事は、理科の実験の準備をすることです。

ジョージがつくり上げたものの一つに、紙を張ってつくった火山地図があります。実に見事にできており、火山内部の地層がよくわかります。ジョージの成績は、理科の計画委員長になったことでだいぶよくなりました。

◆短評◆

この先生は、ジョージの成績のよくないことなど問題にしませんでした。それよりもジョージの得意とするものに目をつけ、それを伸ばすことに力を入れました。

自分の力を発揮する機会を得たジョージは、それによって、理科以外の科目でも力を発揮するようになったのです。

事例…②

ビルは中学一年生ですが、成績がよくありません。ある日私は、彼が伯父さんと一緒にディーゼルトラックで旅行したことがあるのを知りました。そこで、私はビルに、そのディーゼルトラックがどうして動くのかを、みんなに説明してくれないかと頼みました。

ビルは、それを見事にやってのけました。私たちは、ビルの話を中心にいろいろなことを討論しあいました。そして、話は発展して、ビルの伯父さんに学校に来てもらい、トラックの運転を実際にやってもらうことになりました。

ビルは、これを機会にグループのみんなとつきあうようになり、それが刺激となり、理科について広く勉強するようになりました。

◆短評◆

この先生は、ビルの学校外での貴重な経験に目をつけました。これをきっかけに、グループ内でのビルの立場をよくするチャンスを与えてやったのです。

子どもの弱点に目をつけて、それを訓練するよりも、子どもの長所を見つけ、それを発揮させてやるほうが、私たちの誠意と信頼感が子どもに伝わり、子どもは自分の能力に自信を強めることになります。そして、自分にはそんなことはできないという、今までの誤った考えを捨て去るようになります。

社会科

事例…①

デイビッドという子は、社会科の時間になると、他の子どもたちの気を散らし、先生をイライラさせるようなことをします。彼の言い分によると、「昔はよくこんなことがあったんだ、といった、古臭いことを習ったって何にもならない」というわけです。

子どもたちが憲法の制度について勉強しているとき、自分たちも憲法をつくってみようということになりました。デイビッドは、父親が裁判所に勤めており、規則のつくり方なら何でも知っていると言いました。

父親は仕事上、憲法を専門的に研究したことがあったので、デイビッドはおりを見て、憲法をつくるのに参考になるものをいろいろと揃えて持ってきて、提供してくれました。

◆短評◆

デイビッドがはじめてみんなの仲間入りをしたのは、ほかでもない彼がよく知っていることの勉強をしているときでした。彼は、グループ間での立場がよくなったので、他の勉強にも関心が広がるに違いありません。

事例…②

セーラという少女は、歴史の授業にまったくといっていいくらい興味を示しません。歴史の勉強をいくらしても、彼女が今抱えている問題の解決には、まったく役立ちそうになかったからです。

ある日先生が、衣服の流行の移り変わりの話をしたら、セーラはその話に心を引かれたのか、授業がすんでから、その話題について研究してみたいと言ってきました。

先生は最初、今勉強しているのは歴史のことなので、衣服の流行の勉強はどうかなと思いましたが、許可してやることにしました。間もなくセーラは、衣服についての資料を集めはじめました。

流行についての勉強をしているうちに、民衆や民族の慣習についても多くのことを知り、また歴史上のことについても、いろいろと学ぶことになりました。

◆短評◆

子どもにやる気を起こさせるには、子どもが興味を持っていることからはじめると効果があります。たとえ子どもの興味があなたの目標としていることと直接関係がなさそうに見えても、子どもにはそれが重要なことだと話してやる必要があります。いずれそのことは勉強が進むにつれて、一つのものに統合されていくものです。

事例…③

エディという少年にとっては、地理の授業はまったく面白くないものでした。彼の頭の中は、ボール遊びのような教室外での遊びのことでいっぱいでした。エディはだんだん手に負えない子になってきました。

地理の授業のあるとき、エディは先生の話の間違いを指摘しました。その態度は鼻持ちならないものでしたが、エディがあまりにも確信を持って主張するので、先生は、エディはそのことについて特別の知識を持っているのではないかと考えました。

先生が自分の言ったことをよく調べてみると、確かにエディの言い分のほうが正しいのです。さらによく調べてみると、エディは先生が話した地域を夏休みに広く旅行したことがあり、家にはその地域の写真や特産品を、たくさん集めて持っていることがわかりました。

エディは、そうした資料を学校に持ってくるように言われました。エディが持ってきた写真によって、子どもたちは地理の勉強が面白くなりました。

エディはクラス仲間たちに対して大変貢献をしたことになり、先生はエディに心からお礼を言いました。エディはそれによってやる気を起こし、他の地域についてもそれと同じくらい詳しく調べてみよう、という気持ちになりました。

◆短評◆

この先生は、地理について間違ったことを多少教えましたが、そのために先徒との関係を悪化させるようなことはしませんでした。それどころか、エディの知識が授業に役立つことに気づきました。エディはエディで、自分の主張したことが正しいと知って、あれほどいやだった地理が好きになり、先生との関係も改善できたわけです。

図画

事例…①

八歳のジョニーは、「可」の印のついた図画を持ったまま、先生の机に近づいてきました。先生は、ジョニーがこの絵に大変な努力と興味と想像力を費やしたことを知っています。つまり、彼は精一杯やったのです。しかし、美術の先生からみると、充分な出来ではなかったのです。ジョニーは、がっかりし、やる気をなくし、今にも涙がこぼれそうでした。そこで先生は、その絵のよい部分を指摘してやりました。また、ここをこうすればもっとよくなると細かく付け加えてやりました。

ジョニーは自由時間に先生に言われた通りに手直しし、改めて提出しました。今度は「優」の印がついて返ってきました。ジョニーは得意満面でした。

◆短評◆

まず、最初に絵のよい部分を指摘しました。つまり、ジョニーの努力は認められたわけです。したがってジョニーは、自分の作品にはよく描けているところがあるのだという自信を持って、手直し作業に取り組みかかることができたわけです。

事例…②

ジャネットという少女が描いた絵をいくつか調べてみて、私は、彼女が絵に興味を失わないように、心をこめてほめてやり、励ましてやる必要があることに気づきました。

こうしてジャネットは、小さな絵をいくつか描いてみる気になりだし、絵を描くのが本当に好きになりました。はじめに私がほめたことが、ジャネットに自信を植えつけ、自分の作品を冷静に批判できるようになったのです。これが技量の向上に大いに役立ちました。

この子は今では、好意のこもった批判なら、どんな批判でも聞けるようになりました。今までのように、劣等感を持つようなことはなくなりました。

◆短評◆

子どもが現在どんな気持ちでいるかをよくつかんで指導することが大切です。子どもが自分に自信が持てるようになれば、自分の作品も冷静に批判できるようになります。

事例…①

五歳六か月の少女アンは、話し方がとても下手です。聞き手に意味がまったく理解できないときもあります。

アンは、いつもうつむきがちな姿勢で歩きますし、他の人に話しかけるようなことはめったにありません。友だちから話しかけられても、聞こえないふりをして行ってしまいます。とにかく社交的でないのです。しかし、アンは、言われたことだけは誰よりもよくやり、よく守る子でした。

ある日、子どもたちが帰宅しようとしたとき、床の上にハンガーがいくつか落ちていました。私は、アンにこの片づけを手伝ってもらいました。これがきっかけで、私たちはお互いによく知り合うようになり、話し方の指導をはじめました。

私は、決してがみがみ言ったりせず、ただ練習を繰り返しました。月に一度はレコーダーを使ってやるなどして、アンの虚栄心をくすぐるようなこともしました。

また、アンはきれいな目をしていたので、「そのきれいな目を友だちに見せてやることもいいことじゃない。もし、友だちと話をしたくないのなら、その目でほほえむだけでもみんなうれしく思うんじゃない」とも言ってやりました。

私はアンに、彼女が自信を持って答えられそうなことだけを尋ねることにしました。クリスマスのころまでには、アンの口数もいくらか増えてきました。学年の終わりごろには、他の子どもたちと一緒に短い会話さえするようになりました。

さらにもう一年、アンは週に一度話し方の訓練を続けました。アンは現在四年生ですが、前とはすっかり変わって、愉快なおしゃべり屋さんです。アンが話し方で苦労したなどということは、今のアンからはとても想像ができません。

◆短評◆

ここでは、やる気を起こさせるテクニックがいくつか使われています。第一に、アンがグループの有力なメンバーになるように仕向けています。第二に、アンの長所である器量のよさをほめています。第三に、アンが間違いなく答えられるようなことに限って質問をしています。

心がまえを一新させる方法

先生の任務は、勉強を教えることだけではないはずです。さまざまな話題、あるいは問題に対する関心の持ち方などを指導するのも、先生としての務めではないでしょうか。

子どもは、自分の生き方に従って行動します。その生き方を決めているのはその子の心がまえです。したがって、その子の心がまえに何らかの影響を及ぼそうとすることは、大変重大なことです。

やる気と深い関わりがあるからです。

そういう意味で、クラス全体にやる気のある雰囲気をつくりだすにはどうしたらよいのか、あるいは生徒一人一人にやる気を起こさせるには、先生としてどうしたらよいのか、といったことは慎重に検討しなければならないのはいうまでもありません。

事例…①

ある年に、とても扱いにくい少年が私のクラスに入ってきました。その子は前の一年間の半分は校長室で、残りの半分は廊下に立たされて過ごしたということです。遅刻は三〇回もあったそうです。

ある日、その子デイビッドは「やあ、僕みたいな悪いやつが来たんで、先生もきっとお手上げだね」と言いながら、教室に乗りこんできました。

私は、デイビッド少年の顔を見て静かに言いました。「そうよ、デイビッド。私のほうから頼んで、あなたに来てもらったんですよ」と。そのとき、彼の顔一面に喜びの表情が現われました。彼がすっかり意表をつかれたことが、私にはわかりました。

これほどまでに先生から「招待」されるようなことは、それまでに一度もなかったのでしょう。私の言葉は、まったく予期しないものであったに違いありません。デイビッドはこの言葉を聞いて、きっとやる気を起こしたに違いないと確信しました。彼が帰り際に教室から飛び出してきて、「じゃあ、先生、また来年もね！」と叫んだからです。

◆短評◆

ほんのちょっとしたことをやって、この先生は、その場の雰囲気をがらりと変えてしまいました。デイビッドの思いもよらないことを言って、まず彼の心のバランスを崩しています。次に、大きな抱擁力を示したので、デイビッドは、この先生とならうまくやっていけそうだと思ったに違いありません。たいした時間がかかっていないのに、先生と生徒の心がしっかりと結びついた好例です。

事例…②

ダイアンという少女は、七歳で二年生ですが、入学以来の問題児でした。彼女は大声でわめきちらしたり、教室中を走りまわったり、手当たり次第に物を投げつけたり、あげくの果てには他の子どもを殴りつけたり、まったく手のつけられない子でした。ダイアンはまた、課外活動にいっさい加わりませんでした。

そんな彼女が、授業中詩を読んでやっているときだけは、実にうっとりとした表情で聞いているのに私は気づきました。そこで彼女に「詩を読んでみたくないか」と尋ねてみました。

ダイアンは大変喜んで、すぐにクラスのみんなのために詩を読んでくれました。子どもたちはいっせいに彼女をほめ、一緒に課外活動をしようと誘いました。これがきっかけとなって、ダイアンは自分に自信を持つようになり、読み方も大変上達しました。

◆短評◆

この先生は、子どもがじっと受け身の状態にあるときでさえ、注意深く観察し、ダイアンに援助の手を差し伸べる機会を探していたのです。先生は、ダイアンの興味を利用して、この子をグループに溶けこませ、課外活動に夢中になるように指導したのです。

事例…③

小学二年生のジャッキーは、「発育」に問題がある子でした。彼は、学校ではところかまわず悪さをするくせに、家に帰るとべったり母親に甘えていました。ジャッキーの素行の悪さは母親にも責任があったのですが、その母親もジャッキーにはいつも悩まされていました。一年生のときの受け持ちの先生も、だいぶ困ったようです。

私は、ジャッキーを幼稚園のとき受け持ったことがあります。そのときもだいぶ悪さをしました。しかし、二年たった今のジャッキーは、私がいつも教室を静かに平穏に保つのが好きなことを知っており、そうしたいのならその代償として、僕の好きなことをさせてくれるだろう、と考えるほど知恵がついていました。

数日の間は、ジャッキーの勝ちでした。彼の特別指導に当たる先生たちもどうしてよいのか途方に暮れ、校長も彼を説得できませんでした。彼は何でもかんでも自分の好きなようにするのだといって聞きません。

私が「行儀よくしなさい」と言おうものなら、「先生なんか嫌いだ！」と、どなり散らすばかりです。

私は、彼のかんしゃくには少しもかまわず、彼が協力的なときには、いつでもリーダーにしたり、絵を描かせたり、学力の進みの遅い子などの手伝いをさせました。

そうこうしているうちに、ジャッキーは急速に成長し、私たちすべてを楽しませることを覚えました。二年たった現在でも、彼の母親は、ジャッキーに対する私のあのころの忍耐を繰り返し感謝しています。

◆短評◆

この先生は、子どもから脅かされても、力で競り合ったり、口で言い争ったりするようなことをしませんでした。子どもの適切な行動だけをほめてやり、報いてやりました。

子どもは相手が自分の好敵手だと思うと、必ず向かってきます。それに相手をしていたのでは、子どもはますます増長するばかりです。この先生は、そういった子どもの手には乗らずに、ジャッキーが上手にできたときをとらえてほめてやり、やる気を起こさせるように仕向けたといえます。

事例…④

ボビーは五歳ですが、幼稚園での遊びの時間には、しょっちゅう喧嘩の仲間入りをします。そして、喧嘩のたびごとに、他の子のほうが悪く自分はひどい目にあったと言い、先生を自分の味方に引き入れようとします。

私はボビーに、喧嘩は自分でやったことだから自分で始末をつけなさいと言って、巻きこまれるのを断っています。

ある日、ボビーがおもちゃを持ってきたところ、他の子どもたちもそのおもちゃで一緒に遊びたがりました。そのとき、私はすかさず割りこんでいって、みんなで仲よく遊ぶ方法を教えました。

ボビーは、自分がみんなと一緒に一人前に扱われているのをはじめて知って、びっくりした様子です。間もなくボビーは、以前のようにわからずやの態度をとるよりも、こうしてみんなと仲よくしたほうが、ずっと楽しいことを知ったようです。

◆短評◆

社会的態度を身につける最もよい機会を、この先生は的確にとらえて、ボビーを指導しています。「先生に認められることが生徒にとって最大の励ましとなる」ということをよく知って、その機会が来るのをじっと待ち、そのチャンスが来たらそれを確実にとらえ、実行に移すこと。これが指導の本質だと思います。

ボビーを仲間に溶けこませたことが彼を成長させたのに間違いありません。

社会への適応力を高める指導方法

友だちと協調してやっていけるような子どもに育てることも、先生として心がけなければならないことです。グループに所属することは、人間としての基本的欲求であり、この基本的欲求をちゃんと知っていれば、子どもの行動の意味を、ある程度解き明かすことができます。

先生は、子どもには個人差があることを承知して、一人一人が持っている個々の問題に対処していかなければなりません。しかし、今ここで強調したいことは、子ども一人一人と、グループ全体のあり方を結びつけて指導してほしいということです。

というのは、グループというものは子ども一人一人の行動に、非常に大きな影響を与えるからです。グループ内でどんな扱いを受けるか、あるいはグループの他のメンバーとうまくやっていけるかどうかということが、一人一人の子どもにとっては、一番気がかりなことなのです。

こうしたことに関心のない子どもは、その子に精神衛生上の問題があると見なければなりません。

学校に入る段階では、子どもは、親に依存している状態から、自立していく過程になければなりません。このことは、親にとっては負担が軽くなることを意味すると同時に、先生にとっては、子どもに仲間とのつきあい方や、仲間との助け合いが大切だと指導してやる必要があることを意味しています。

学校での生活には、共同で作業する大切さを、子どもにはっきりとのみこませる機会がたくさんあります。グループの一人一人がお互いに協調しあい、全員が揃って社会的関心を持つことは、グループ全体の気風とかグループ全体の雰囲気を育てていくために、欠くことのできない大切なことです。

子どもが、このような社会的、精神的なことに関心を持つかどうかは、その子の対人関係にも、あるいは学科の成績にも大きな影響を与えます。

グループ全体の雰囲気がよければ、子どもの行動もよい方向に向かいます。クラス全体の雰囲気をよく保ち、クラス全体の管理を充分に注意すれば、授業の成果は大いに上がるばかりでなく、子ども一人一人の社会への適応力が高まります。

先生が、グループ全体を指導しようとするとき、まず最初に手をつけるべきことは、グループを自分の手で全面的に組織化することです。ある先生は、教室でグループを組織化する効果的方法を次のように述べています。

事例…⑤

ある子どもを、他の子どもたちから一人前扱いされるように指導するには、そうした目的に合うように、クラスの中にグループをつくることです。

私たちのクラスでは、議長、副議長、書記および会計係の四人の役員を選びます。議長の役目は、毎朝一五分間、クラス内を取り仕切ることです。副議長は、議長が留守のとき、クラスの運営に当たります。書記はクラス宛ての礼状や招待状その他を取り扱います。会計係は、ドライブなどの費用を集めます。
クラスの全員が、一人一人これらの要職のどれかを担当して一巡するまで、再任は許されません。クラスに、二八人の生徒がいて月に一度選挙するとすれば、七か月後にクラス全員に二度目の選挙が行なわれることになるわけです。

◆短評◆

これは、クラス内での協力と参加を推進するための、単純でしかも直接的な方法です。これはまた、子どもたちが、学校の外でいろいろな状況にぶつかった場合でも、臆することなく、仲よくやっていけるように鍛えているわけです。グループを組織すると、グループ内ではお互いに協調的となり、同時にグループに所属したいという個人的欲求も満たされるのです。

事例…⑥

小学六年生のロウェルという少年は、非常に頭はよいのですが（知能指数一四二）、教室内でも外でもいつも喧嘩ばかりしており、非常に攻撃的なところがあります。他の先生の手に負えないということで、私が受け持つことになりました。

ロウェルには二人の兄がおり、一人は九歳も、もう一人は一三歳も年上です。三人は同じ部屋で生活していますが、二人の兄はロウェルを、精神的にも肉体的にも、絶えずこき使っているといった状態でした。

私はロウェルに、同じクラスの三人の男の子の勉強を見てやってほしいと頼みました。彼は、家の中では二人の兄のために無力感を味わわされているだけに、他の子に物を教えることが非常に立派な素晴らしいことに思えたにちがいありません。その後ロウェルは、かっと怒るといったことが少なくなりました。

◆短評◆
少年を理解するために、この先生は、ロウェルの家庭における立場を調べ、それをすぐ活用しています。先生はロウェルを信頼し、他の生徒の勉強を見てやるという責任を任せました。その結果、ロウェルには、友だちとの間に新しい人間関係が生まれたわけです。

第6章

やる気を起こさせて社会への適応力をつける

これまでは、勉強の効果を上げるためには、やる気をどのように起こさせればよいかを見てきました。しかし、やる気を起こさせることは、勉強に役立つばかりでなく、社会に対する子供の適応力を高めるためにも非常に役立ちます。この章では、社会への適応力の問題を見ていくことにします。

自分自身に確信を持たせる

自分の人生なり、自分自身に確信を持つということは、きわめて大切なことです。他の人から見れば、その確信は誤っていることもあるかもしれません。しかし、当人にしてみれば、その確信があるからこそ自分の行動を自分で決められるのであり、自分の行動に筋を通すことができるのです。

自分に対する確信は、過去のさまざまな経験、あるいは未来に対する見通しによって、影響を受けながら形成されていきます。したがって、自己確信は経験や見通しによって方向づけられた、「人生の目標」といってもいいものです。

こうした自己確信を、私たちは自分で選びとり、自分の意思で持ちつづけています。自己確信は、経験を積み重ねていく間に、絶えず手直しされながら変わっていくものです。したがって、その確信が現実を的確にとらえているかどうかは、非常に流動的だとみなければなりません。

自己確信を形成するうえで重要な役割を果たしているのは、「グループに所属したい」という人間の基本的欲求です。私たちが持つさまざまな不安は、自分は何かのグループに所属したいと思っていながら、うまくそのグループに所属することができないところから起こっていると見てよいでしょう。したがって、グループへの所属感が薄い人ほど、劣等感の強い人だといえるのではないでしょうか。

子どもが社会への適応力を身につけようとするとき、さまざまな課題を克服しなければなりません。その中で重要なことは、これまでの、①親への依存から自立することと、②心がまえを切り替えることの二つです。

子どもが適切な指導を受けて、自分の行動に責任を持ち、グループに役立つようなことができるようになると、自己確信の質も高まります。

子どもの自分に対する考えは、次のように変わっていきます。

(1)僕はだめだ

(2)誰も私を好いてくれない
(3)僕にはそんなことできない
(4)私はとてもよい子なんだ
(5)僕にはそれができる
(6)僕は、それをやりとげてみよう
(7)僕には得意なもの、不得意なものもある

このように自分に対する考えが、消極的なものから、より積極的なものに変わっていくのは、さまざまな経験を積み重ねていく間に、その経験を自分の創造力を働かせて、解釈できるようになった結果だといえます。

先生は、自分と子どもとの間の信頼関係を通して、子どもの社会への適応力を育てていくことができます。子どもにやる気を起こさせることができれば、子どもは間違った心がまえや、誤った価値観を改めることができるようになります。

事例…①

デイビッドは小学二年生ですが、まったく勉強する意欲がありません。あるとき突然に、教室の空気をかき乱しはじめました。馬鹿げた音を立てて、みんなの勉強の邪魔をしようとしたのです。

そのとき先生は、ちょうど用事があって教室の外へ出たところでしたが、デイビッドの馬鹿げたふるまいがガラス窓に映ったので、すぐ教室に戻ってきました。

そして、先生は次のように言いました。「勉強がすんで、電話をかける手伝いができる子はいないのかい」すると、女の子が「デイビッドがいるわ！」と答えました。

デイビッドは、一瞬びっくりしたようでしたが、先生のあとについていきました。先生はデイビッドに電話する相手と用件を伝え、先に教室に戻りました。

デイビッドが教室に戻り、電話の結果を先生に報告しようとすると、先生は、電話でわかったことを、クラスのみんなに発表するようにと言いました。

そこでデイビッドは、電話の相手の婦人は「子羊を一匹と、猫を数匹飼っているが、どちらもよく慣れているので、学校に連れていって観察の実験に使っても大丈夫でしょう」と言っています、と報告しました。

このようないきさつがあって、デイビッドは、来週末に学校にやってくる子羊の歓迎委員長に選ばれました。各委員はデイビッドが指名しました。デイビッドは、委員となった一人一人と協力して、針金を持ってきて柵をつくったり、干し草を運んだりして一生懸命働きました。

ところが、子羊が学校に来る当日になって、ちょっとした問題が起こりました。子羊に名前をつけようと話し合っていたのですが、子羊がメスかオスかわからないので、名前がつけられないという問題が起きたのです。するとデイビッドは、電話をかけてみようと提案し、すぐそれを実行しました。

子羊が学校から家へ連れ戻されたあと、デイビッドは教室の掃除をしました。彼は帰るときになって、「今日は本当に時間がたつのが早かった。もう家へ帰る時間になったなんて、まったく気づかなかった」とつくづく言いました。

◆短評◆

この子の意図がみんなの邪魔をしたり、その場にふさわしくないことをして、みんなの注目を集めることであったことは明らかです。先生が彼に注意するために戻ってくることが、まさしくこの少年のねらいだったのでしょう。

まず、この先生がその手に乗らなかったことに留意してください。この先生はまた、そんな態度のデイビッドに、電話をかける手伝いをさせました。デイビッドを説教する機会は充分あったのですが、それをしないでデイビッドに、あてがはずれたというショックを与えたのです。

先生が自分の誘いに乗ってこないのと、グループの者の自分に対する扱いが変わったことを知ったので、この子の心の中に、社会的関心と協調性が育ったと見てよいでしょう。そしてクラスの中での自分の立場が改善されるにつれて、社会的にやってはいけないとされている行動をやめることができたのです。

事例…②

盗み癖のあるエディという少年が、私のクラスに編入されてきました。二、三日たった日、生徒の一人がお金がなくなったのに気づき、「エディが盗ったんだ」と突然騒ぎだしました。するとと別の子どもが、「そんなはずないよ！　今までこの教室で物が盗まれたことなんかないんだから、どこかへ忘れたんだよ、きっと」とやり返しました。

この二番目の子の言い方が、あまりに猛烈だったので、エディにとってはさぞかしショックだっただろうと思います。エディは弁解もせず、あっけにとられて、信じられないといった様子で座っていました。私は何も言わず、平静を保つように自分に言い聞かせながら、授業を進めました。

その日の夕方になってから、そのお金は見つかり、事件は人目に立たず解決しました。クラスの子どもたちがエディを信頼したことで、彼はとても元気づいたようです。

エディはその信頼を、この学校で彼が今まで受けたことのない敬意の現われとして受け取ったのです。それ以後彼は、グループ内で人望のある一人になりました。

◆短評◆

エディはクラスの子から高く評価されたので、自分自身に対する考えや周囲に対する考えを変えねばならなくなったわけです。

この先生が平静な態度をとって、教室内の雰囲気を取り仕切ったので、子どもたちは誰も、すぐさま疑いの目でエディを見ようとはしませんでした。

エディはそんな子じゃない、とクラスの子たちが思ったからこそ、彼は今まで経験したことのない一人前の扱いを受けられたのです。

先生が教室内に、子どもたちの改善に役立つような雰囲気をつくりだすことは、子どもに、社会に対する適応力をつけさせる有力な方法です。

子どもの人間性が育っていくにつれて、人生についてのある種の確信が出来上がっていきます。それは、自分自身についての確信であり、自分の存在価値に対する確信であり、自分の目標に対する確信であり、他の人が自分をどういうふうに見ているかについての確信です。

子どもは、こうした自分の確信が社会の現実を正確につかんでいようと、あるいは社会の現実とずれていようと、そういったことにおかまいなく、自分のその確信に基づいて行動します。

したがって、子どもの行動を理解しようとする場合、子どもの行動を客観的にとらえるのではなく、子どもが自分の置かれている環境をどのようにとらえて行動しているかを知ることのほうが、はるかに重要なのです。

つまり、現実そのものが大切なのではなく、現実を子どもがどのように受けとめているかが大切なのです。それを知らないことには、子どもの行動は理解できないのです。

たとえば子どもは、乱暴な行動をしていさえすれば、グループに所属していられると考えて行動している場合もあれば、ただ受け身になってさえいればグループに所属していられると考えて、行動している場合もあります。

そういった行動は、他の人からみれば状況判断をまったく誤っているとしか思えません。しかし、その子が、自分の考えには間違いないと思って行動していることは確かなのです。

事例…③

小学五年生のマイクは頭のよい少年ですが、級友が失敗するのを楽しみにしているところがあります。友だちが失敗すると声を上げて笑い、軽蔑した態度を露骨に示します。そんな彼ですから、友だちと大喧嘩するときがよくあります。

マイクは作文に、自分はとても悪い子であり、喧嘩なんかには加わらないように気をつけているが、どうしても自分の思うようにいかなくなる、という点を強く訴えていました。

私はマイクに、自分を悪い子だなんて思うことはよくないこと、マイクが本当にみんなと仲よくしたいなら私が手を貸してあげることなどを話しました。それから、私はマイクが好きであることも話しました。

同じクラスに、リチャードという社会科が苦手な子がいます。私はマイクに、この子の社会科の勉強を一緒に見てやってくれないかと頼みました。マイクは、この役目を立派にやり通しました。

勉強を見てやっているときの彼の態度は、親切で忍耐強く、二人はすっかり仲よくなりました。と同時に、意地悪くからかうのも少なくなり、自分のこともあまり批判的に見なくなりました。

◆短評◆

これは、自分が悪い人間であり、面倒を引き起こすように運命づけられていると思いこんでいる子どもの例です。

こんなふるまいをする子はたくさんいます。こんな行動を見た大人は本当にそう思いこみ、その子の誤った考えをますます強めてしまいます。したがってその子は、自分の期待した通り扱ってもらえることになり、自分はだめな人間だとますます信じこんでしまうことになるわけです。

マイクの行動は、先生にとってはまったく厄介な問題に違いありません。マイクが自分で言うように、マイクを悪い人間だと考えたとしても、先生の心の負担にはならなかったでしょう。しかしこの先生は、マイクの期待通りには動こうとしませんでした。

ここで一番大切なことは、この先生がマイクに、先生がマイクを好きであることと、君が悪い子だと思って行動していることとはまったく関係ないことを、実際の行動ではっきりと知らせたことです。

つまり、この先生はマイクの悪さに惑わされることなく、マイクの面倒をよく見てやったわけです。

この先生はまた、マイクがグループに溶けこんで自分の立場が得られるように取り計らってやっています。その際、マイクに本当に協力する気持ちがあるかどうかを確かめてから、責任ある仕事を任せています。

抽象的な言葉だけで指導しようとしても、子どもの行動はなかなか改まるものではありません。その子が自分の行動を改めなければならないような、具体的な環境をつくってやることが重要です。

マイクはこの経験がきっかけとなって、正しい方向に動きだし、次々と周囲の人と新しいつきあいを結んでいくものと思われます。

事例…④

ディックは私のクラスで、小学一年のスタートを切りました。最初のころは、とても騒がしく、喧嘩好きで、何事にも無頓着でした。

ある日ディックは書き方の勉強をしていましたが、いつもより書き損ないがひどいので、「ディック、もっと上手に書けるでしょう。先生は知っているのよ」と注意しました。するとディックは「いや、そうじゃないよ。僕はできないんだ。僕は、いいことなんか何一つできないんだから」と言います。

そこで私は、「そんなこと、どこで聞いたの」と聞いてみました。彼の返事はこうでした。

「僕の兄ちゃんや姉ちゃんは、僕が何をやってもだめだと思っているんだ。僕は失敗ばかりしていて、僕のすることは何でも赤ちゃんみたいだと言っているんだもの」

ディックは、毎朝一番早く学校に来る子でした。ある朝、私はディックに次のようなことを言いました。

「ディック、誰かに手伝ってもらいたいことがあるんだけど。私ったら忘れっぽくて、カレンダーをいつもめくらずじまいになるのよ。きちんとなっていたことがないわ。私の助手になって、カレンダーをめくってくれるような、とても頼りになる子を探しているのよ。ディックはそういう仕事に向いていると思うんだけど、この仕事、やってみてくれない」。ディックは少し考えこんで、「でも、もしかしたら僕、忘れてしまうかもしれない」「まあ、ディックは私みたいに忘れっぽくないわ。でも、忘れたって全然かまわないのよ」

それからずっとディックはカレンダーをめくる助手をやっており、一度も忘れたことはありませんでした。私はうんとほめてやり、彼もとても喜びました。

私はクラスの子にディックは頼りがいのあるいい子だと強調したので、他の子どもたちも、ディックをいろいろな当番に選ぶようになりました。

ディックは、どの仕事も同じようにきちんとやりとげました。私はさらに彼をほめてやることができました。

彼の母親と話し合った結果、母親は家で家族もディックを励ますように気を配ると言ってくれました。毎日みんなで、ディックが習ったことを話させたそうです。

母親の話では、ディックは先生よりも上手にやれるんだといって、カレンダーめくりの助手になったことを、とても得意がっていたそうです。

◆短評◆

この子どもは過去の経験によって、自分は兄や姉のようには何事もうまくやれないと思いこんでいました。だから、喧嘩腰で学校に通っていたのです。

「先生はボスである、先生の言う通りにやりなさい」といった調子で仕事をさせるのが、普通の先生のやり方です。ところがこの先生は、ディックにだって、「やればできるんだ」ということを知らせようと決意しました。

ここでまた、この先生は、仕事と責任を「それを引き受ける能力のある」子にではなく、「それを必要としている」子に与えるという、実に賢明な心づかいを見せています。

よい子は、いつもいつもほめられる必要はありません。しかし、「やる気をくじかれた子どもは、人の役に立つことをする機会が必要」なのです。ディックが仕事をきちんとやれるかどうか不安がっていたときでさえ、この先生は、そんなことは問題ではないと言ってディックを安心させています。

もう一つ効果的だったのは、この先生が母親と話し合って、家庭におけるディックの立場を変えさせたことです。家庭の協力が得られれば、子どもの教育は大いに効果を上げることができます。

タテの活動とヨコの活動の意味

社会に適応できずに苦労している子どものことを取り上げる場合、忘れてならないことがあります。それは「人間が進歩や成長をするとは、いったいどういうことなのか」を、正しくつかんでおく必要があるということです。

私たちは、進歩というとすぐに低い地位から高い地位へのぼることだと考えがちですが、これはタテ社会を重視した考え方で、決して健全なことではありません。

この考えに従えば、人の先頭に立とうとして人に抜きん出るためには、他の人をその地位から引きずり下ろすより方法はありません。

しかし、ヨコの関係にもっと目を向ければ、もっと健全な行動をとることができます。それは、自分の進歩と他の人の進歩とを両立させる考え方です。

他の人に打ち勝とうなどと考えて立ちまわる必要がないように、人生の目標を定めさえすれば、私たちは社会的関心を持って生活できるのです。

このような立場に立てば、進歩とは、その人が今まで占めていた地位に直接関係するのであって、その地位がグループ内でどんな重みを持っているかは問題にしないものです。

人間は他の人と協力することによって、自分の能力を最高に発揮することができます。私たちの社会的関心が高まり、社会的平等が充分ならば、人間は一人一人それぞれに、それぞれの満足が得られるはずなのです。

こういった意味での社会構成と、家庭や学校における子どもたちの心がまえの育て方とは、深い関係があると思います。

競争意識のない雰囲気がどんなに素晴らしいものであるかを、大人自身がはっきりと自分の体験からつかみとることができるならば、そうした雰囲気を、子どもたちのためにもつくってやろうという気持ちになることは間違いありません。

事例…⑤

一一歳のチャックは、素行の悪いことでは学校一です。口答えしたり、すねたり、返事をしなかったり、教室を逃げ出したりして、本当に手に負えない子です。平均以下のやさしいことを教えようとしても、途中で投げ出して反抗する始末です。

運動場で遊んでいても、必ずといっていいくらい喧嘩をして勝つのは、いつも彼です。毎日のようにごたごたを起こすので、私は年中苦しい立場に追いこまれています。

この子がお説教されたり、叱られたり、教室から追い出されたり、校長室へ行かされたりしない日は、一日たりともありませんでした。

チャックを三日間の停学処分にした校長は、とてもこの少年の心を動かすことなどできるものではないと、さじを投げてしまいました。

私はチャックと直接話をするのを避け、数か月間気をつけて彼を観察しました。

ある日私は、彼の受け持ちの先生に、チャックに会わせてほしいというメモを届けました。チャックが部屋に入ってきたとき、彼はてっきり、また叱られるのか、さもなければ罰を受けるものとばかり思っていたようでした。

「なぜ、あなたに来てもらったと思う」と私がまず聞いたところ、自分が何か悪いことをしたに違いない、という返事が返ってきました。それもそのはずです。それ以外の理由で彼を呼びつけた先生は、今までにいなかったからです。

「いや、そうじゃないのチャック、実は国旗を護衛する係が必要になったので呼んだのよ。あなたはこの学校で、どの子よりも背が高いし、力が強そうでしょう。だから来週の火曜の夜、PTAの集まりのとき、講堂へ国旗を運んでほしいの」

チャックはとてもうれしそうな顔をして、この役目を引き受けました。彼はとても感激したらしく、準備のための会合は一度もサボらず、いつも時間どおりに出席し、服装もきちんと清潔にしていました。

そのことがあってから、学校での彼の心がまえも変わりはじめました。

学年末が近づき、卒業生たちが卒業の準備にかかると、私は「ベテラン」の少年安全パトロール隊の生徒たちに、翌年度の新人の訓練をさせることにしています。

チャックの受け持ちの先生は、彼が責任を立派に果たせる生徒とは見ていませんでしたが、私は今度もまた、パトロール隊に入ってほしいと、特に彼に頼んでみました。

「信号待ちの際に、小さな生徒たちがときどき小競り合いをするので、それをやめさせるのも仕事のうちなんだけれど」と説明しました。

さらに、私が彼を信頼していること、つまり彼が一番年上であり、パトロール隊がどんな仕事をしなければならないかが、よくわかっていることも付け加えました。

私の話を聞き終わったチャックは、晴れやかな笑顔を見せていました。あとで、ベテラン隊の話を聞いてみると、チャックは横断歩道やその他でも、正しい手順で子どもたちを扱っており、彼に関する苦情は何もなかったということでした。

◆短評◆

チャックは、やたらと反抗し、誰かれとなく敵対心を持つことで「グループに属そう」としたのです。チャックが目指したこのやり方はタテの活動です。つまり、破壊的な方法で他の人に打ち勝とうとしたのです。

考え直さなければならないことは、校長がこの少年を停学処分にしたことです。この措置がチャックの行ないを直すのに、どれほど効果があると思ったのか、聞いてみたいものです。停学になれば、学校から得られるものは何もなくなるのですから、チャックが立ち直る機会はまずなくなるはずです。

この先生は、チャックに手伝いをさせることから手をつけました。少年の長所を見つけ出し、他の人の役に立つ機会を与えたのです。

このように、ヨコの活動に参加する機会が与えられたので、チャックの心がまえは目に見えて変わっていったことに、目を留めていただきたいものです。この先生が、チャックを信頼して仕事を任せたので、チャックは自分自身を見直すことができたのです。

兄弟姉妹から受ける影響

子どもの社会に対する適応ぶりを理解するには、その子が兄弟姉妹の中でどんな立場にあるかを考えてみることも必要です。

家庭内における子どもの立場は、一人一人違います。一人一人は、それぞれ独立の立場に立って物事を解釈します。

そこで、生まれた順序とその子の性格について、充分に考えてみたいと思います。

家庭内における子どもの立場を考えるにあたっては、子どもの年齢はいくつか、他の子とどのくらいの年齢差があるか、その子は男か女か、といったことを検討する必要があります。

家庭内における子どもの立場というものは、子どもの心の中で形成されつつある自分に対する考え、あるいは自分の生き方というものに、非常に大きな影響を与えます。家庭内における兄弟姉妹間のさまざまなやりとりは、その子の人間性を育てるうえで、欠くことのできないものです。

兄弟姉妹間の競争で、一方があることで成功すると、もう一方はそのことをあきらめ、一方があることで失敗すると、もう一方はそれと同じことをやって成功しようとします。したがって競争は、子どもの性格の違いをますます大きくする力を持っています。

逆に兄弟姉妹の間の仲がよいとどうなるでしょうか。性格や気質、あるいは興味といったものが似かよってくるものと思われます。

子どもの人間性の形成にとって大切なことは、いろいろと経験したことを、子どもがどのように受け取っているかであって、どんなことを経験したかはそれほど重要ではありません。このことをここで、はっきりと知っておく必要があります。

事例…⑥

双子のジルとジョーンは私の受け持ちの生徒です。ジルのほうは、学年のはじめから大声で話をし、クラスの中でもリーダー格でした。もう一方のジョーンのほうは、静かな子でした。話すことも好きだし、恥ずかしがり屋でもないのですが、いざ何かをやる段になると、ジョーンはいつもジルに先にやらせ、責任をとらせていました。

ある日私は、ジョーンに、社会科の研究グループの委員長になってみないかと話しかけてみました。彼女は、ジルのほうがうまくやれると言って、あまり意欲を見せませんでした。

私は、あなたは絵が上手だし、他の人の手助けをするためには、あなたがどうしても委員長になる必要があるのだと言って説得しました。

ジョーンは委員長になり、ジルもそのグループのメンバーになりました。ジョーンのグループの研究も見事に実を実らせ、彼女はみんなをリードすることを学びとりました。ジルも、ジョーンの指図に従うことを覚えたようです。

◆短評◆

ジョーンは明らかに、自分がリーダーになることをあきらめてしまっていました。ジルは自分から進んでやろうとしますが、ジョーンにはその勇気が欠けています。

しかし、この先生は、ジョーンの長所を取り上げて、グループ内での彼女の立場を変えさせることに、あるいはジョーンとジルとの関係を変えるのに利用しました。このことが大変貴重な経験となって、その後この子たち二人は、社会への適応力を高め、人間としても成長したわけです。

事例…⑦

九歳のウィリアムには、一二歳になる兄がいます。ウィリアムの兄は、他の子どもたちや先生に喧嘩をしかけるので有名でした。そればかりではなく、盗みとか、ずる休みとかいった面でも名を売っていました。

ウィリアムは誰からもあの兄の弟なのだから……と色眼鏡で見られていました。しかし、格別悪いことをする子ではなく、ごく普通の子でした。算数には見どころがありました。ただ、机の上に足を乗せたり、髪をいじってもじゃもじゃにしたり、鼻をほじったりといった癖がいくらかありました。

彼が興味を持っていることといえば、もっぱら消しゴムを細かく砕いて、それを他の子どもたちに投げつけることぐらいでした。たまには紙つぶてを投げることもありました。

それでも私が彼の名を呼べば、彼はすぐにいたずらをやめました。私の見るところでは、ウィリアムは他の子どもたちから注目されたがっていたようです。

彼は、運動場ではみんなからまったく無視されていたのです。それだけに、クラス内で他の子どもたちから注目されたがっていたのだと私は見てとりました。

電気に関する授業になると、彼は自ら教科書を読むなど非常に積極的になります。父親が機械技師なので、ひょっとしたら、この方面に興味を持っているのではないかと考えました。

私は、ウィリアムのそばに行って「ここでどんな電気の実験ができるかしら。実験に必要なものがあれば……」と言ったところ、ウィリアムの目がきらきらと光りだしました。

ウィリアムは、みんなの前で手早く、しかも上手に実験をやってのけました。他の子どもたちも彼の説明に聞き入り、呼び鈴が鳴るのを大変喜んでいました。

その翌日、ウィリアムは髪をきちんと整え、顔もさっぱりと洗ってきました。そして「勉強がすんだら、実験をしてもいいですか」と言ってきたので、私は喜んで許可しました。学校でのウィリアムの行ないは、またたく間に変わっていったのです。

◆短評◆

グループにおける自分の立場が、当人の考え方次第でどんなに変わるものなのかを、このウィリアムの事例は示しています。評判の悪い兄を持ったがために、いろいろと損を重ねてきたウィリアムですが、彼は自分自身について思い違いをしていたようです。

ウィリアムのように、すっかりやる気をなくしてしまった子や、自分自身を信用できないでいる子どもたちに対しては、注意深く、しかも計画的に扱わなければなりません。

この先生は、ウィリアムの悪い行ないについては何も言わないで、ウィリアムが積極的に教科書を読んだことと、電気に対する興味とをタイミングよく利用して、自分の腕前をみんなの前で披露できるように、お膳立てしてやったのです。

しかし、ここで重要なことは、ウィリアムがやる気を起こしたのは、先生にはすっかり信頼されたので、自分に自信が持てるようになったということです。

このように、子どもが自分の立場を変えるように指導してやることができれば、子どもが持っている目標、あるいは子どもの社会に対して抱いている考え、あるいは子どものさまざまな価値観を変えさせてやることもできるのです。

大人同士の関係も大切

子どもは、物事を観察することによって、社会への適応力を身につけていきます。学校での先生同士のやりとりなどを、実によく見ているものです。そういった意味で、学校の全教職員が民主的な協調関係を保つことは、きわめて大切なことです。教職員間の人間関係が、校内の気風のよし悪しを決めるといっていいでしょう。

大人と大人との間に繰り広げられる実際の行動が、いつも子どもたちの見本になっているのを自覚することは、きわめて大切なことです。こうした大人同士の相互作用は、関係者全員の精神衛生に影響を与えるものです。もちろん子どもの成長にとっても、少なからぬ影響を与えます。

先生が、ただ単に授業をするのと、「生徒の適応力を伸ばすのだ」と心に秘めて授業をするのとでは、大きな違いが出てきます。後者のような心がまえで授業をすれば、教室での学習は予想以上の効果が上がることに気づくはずです。

やる気をなくした子にやる気を起こさせてやろうと心がけていると、あらゆるところから援助の手が差し伸べられるものです。そういった意味で、学校の全教職員が、子どもを温かい目で見守るような心がまえを持っていなければなりません。

まず、子どもを指導しようと思う前に、子どもを無条件で受け入れる心がまえができていなければなりません。

先生方が子どもの適応力を本当に願っているのなら、自分の集めた情報を今その子を担当している先生とか、次の担任の先生とかに伝えたくなるものです。その子が持っている長所や能力というものは、貴重なものです。

また、その子の持っている目標、意図、価値観なども先生方が相互に交換してほしい情報といえます。

一人一人の子どもに関するこのような情報は、一人の先生だけのものではなく、学校全体の財産として扱ってほしいものです。

事例…⑧

私が高校二年のクラスではじめて生物学の教育実習を受け持ったとき、クラス担任の先生から「全然だめな子」といって指摘された一人がジョーでした。

彼の悩みは、一六歳になるまでは教育を受けなければならないと、法律で強制されていることです。勉強嫌いなわけです。登校はするが、決してクラスになじもうとしません。

一方、先生にとって悩みは、彼が質問にまったく答えようとしないばかりか、勉強も宿題もせず、試験すら受けようとしないことです。

ジョーのすることは、一六歳の誕生日が来るまでの三か月間を、教室でただじっと座っていることのようでした。

ジョーは他の子より年上であり、背も高く、不格好に見えます。教室には三八人もの生徒が肩も触れんばかりに詰めこまれていました。

最初の三日間、私はジョーをじっと観察しました。三日目の終わりに私は、小柄でかわいいサンディという女の子を、ジョーの隣に座らせました。

私がこのようなことをしたのは、ジョーが私に見られていることも知らずに、あこがれのまなざしを彼女に向けたのに、私が気づいたからです。いったんこちらのペースにジョーを乗せてしまえば、こちらの勝ちだと思いました。

そこで私は、一八五センチの彼に、天井の戸棚から図表を取り出してほしいと頼みました。

彼はちょっとためらいを見せましたが、とうとうジョーが立ち上がり、図表を下ろしてくれました。

隣の、美人のサンディが、毛皮に興味を示すと、ジョーもすぐ毛皮に興味を示すようになりました。そこで私は彼に、小動物の皮のはぎ方を教えました。そして、ネズミをわなに掛けてつかまえ、ネズミの種類や毛皮の型や色などを記録するという課題を与えました。

次に彼が興味を示したことは、せっかくつくったネズミの毛皮のコレクションを食い荒す害虫のことでした。彼は自ら進んで害虫のライフサイクルや習性を調べはじめました。以後次から次へと興味がわいてきて、いろいろなことに手をつけていきました。

ジョーは高校を無事卒業し、大学の医科に進みました。彼の勉強に対する心がまえがすっかり変わっていったのです。

◆短評◆

この先生は、ジョーに対する今までの方法にとらわれず、新しい方法で、ジョーの勉強に関する心がまえをすっかり変えてしまいました。クラス全体とジョーをよく観察することによって、ジョーの心がまえを変えさせる方法を見つけ出したのです。

ジョーに仕事をしてもらうにあたっては、彼の背の高いという特長を生かせば必ずうまくできるものを選んでいます。

さらにこの先生は、ジョーが持っている興味を利用して、新しい技術を身につけさせてやっています。

もし、この先生がいなかったら、ジョーは「どうしようもない奴」というレッテルを貼られて卒業し、その評判通りの一生を過ごしたことでしょう。

先生たちが、子どもと意思の疎通を図り、子どもをよく観察し、子どもの考えていることを理解しようと努力するならば、このような子どもはもっと少なくなるでしょう。

子どもの社会的行動を改善させたいと願うなら、その子をまず一人の人間として認め、信頼していることを行動で示すことから、スタートしなければなりません。子どもは、私たちに信頼されていることを知って、はじめて自分自身に確信が持てるようになるのです。

また、一人の子の成長を促進するには、他の子の力、あるいはグループ全体の力を利用するのも一つの方法です。

子どもの社会的行動を改善させ、同時に教育の進度に応じて技術を伸ばしてやるならば、適応性の高い、自分の能力を発揮できる子どもをつくり出せるのです。

第7章

子どもの成長度合いに応じたやる気の起こさせ方

やる気を起こさせるということは、個々の子ども一人一人を「あるがままに受け入れる」ことを意味します。あるがままに受け入れるには、まず私たちが、子どもと同じ目で物事を見る必要があります。

そして、子どもは子どもなりの独創的な解釈力を持っていることに気がつけば、子どもにやる気を起こさせることは、それほど難しいことではありません。

まず、子どもの成長には、ある程度の個人差があることを知っておく必要があります。こうした個人差が生じるのは、子どもが親から受け継いでいる遺伝的要因や、子どもが育てられた環境の影響、それから子どもの人生観や生き方などが相互に作用しあって出てきた結果だといえます。

やる気を起こさせる一般的な原則は、どの年齢の子どもにもあてはまるものですが、子どもの成育状況の具合をよくつかんで、その原則をあてはめれば、さらに効果が上がります。

幼児の場合は、年上の子どもたちのようには物事をうまくやれないのは、いうまでもありません。肉体的条件も経験の範囲もごく限られているからです。それでも幼児は、一人前の扱いを受けたいばかりに、自分のイメージをつくり上げようとして、一生懸命努力するのです。

幼児の生き方は、まだ発達の途上にあるといえます。いかに生きるべきかについての心がまえが、まさに今つくられようとしているのであって、完成されたものがすでにあるわけではありません。

子どもは成長するにつれて、さまざまな権威というものにぶつかることになります。両親も先生も、子どもに正攻法で言うことを聞かせようとします。しかし、それではなかなかうまくいきません。もっと上手に子どもを扱う必要があることに気づかねばなりません。

子どもを指導する場合、とりわけ大切なことは、最初から子どもとの間によい人間関係をきちんと結んでおくことです。子どもが親や先生になつき、親や先生を信頼することがなかったら、親や先生がいくら努力しても効果は上がりません。

子どもの生き方は、物心つくころから形成期に入ります。そのころにつくられた基本的な考えや確信を変えることは、大きくなってからつくられた生き方を変えることに比べれば、比較的容易なことです。

親でも先生でも、小学校四年ぐらいまでの子どもを扱う場合は、子どもは順応性に富んでいますから、仕事はずっとやりやすいはずです。思春期以後になると、生き方がすっかり出来上がってしまい、それを変えさせることは非常に難しくなります。

子どもの目標や、意図を変えさせる課題でいえば、幼児の場合は「何をしたいのか、何になりたいのかといったことを決めたり、ある種の行動をあきらめたりするのが非常に早い」と知っておく必要があります。知恵が進み、論理的に物事を考えるようになるにつれ、目標を選択したり、行動を変えたりすることは、それほど容易でなくなってきます。

発達段階ごとの学習課題

私たちはここで、児童期のさまざまな段階の特色を論じようとしているのではありません。ただ「発達課題」というものと関連させて子どもを見ることは、子どもを理解するのに大変参考になります。ロバート・ハヴィガーストという人は、この発達課題について、次のように述べています。

発達課題とは、一生の間のある一定の段階に、学習しなければならない課題のことです。これを立派にやりとげた人は幸福になり、その後の課題もうまく処理できます。しかし、この課題を学習できなかった人は、社会から認められなくなり、その後の課題処理にも苦労し、不幸になります。

発達課題という考えは、発達を一つの流れとしてとらえ、教育上の努力のタイミングを、どこに合わせたらよいかを知るうえで、とても有利です。

また発達課題を知っていれば、子どもの持っている目標や意図がその子の発達段階に合っているかどうかを見分けるのにも役立ちます。

ハヴィガーストは、人生の二つの段階における発達課題として、次のものを挙げています。

乳幼児期における発達課題

(1)歩くことを覚える。
(2)固形食を食べることを覚える。
(3)話すことを覚える。
(4)排泄を制御することを覚える。
(5)両性の違いと性的な慎みを覚える。
(6)生理的安定を達成することを覚える。
(7)社会とはこういうものだ、体とはこういうものだといった簡単な観念をつくり上げる。
(8)両親、兄弟姉妹、その他になつくことを覚える。
(9)善悪を見分け、良心を育てることを覚える。

児童期における発達課題

(1)普通のゲームに必要な身体的技能を覚える。
(2)健全な心がまえをつくり上げる。
(3)同じ年ごろの者と仲よくしていくことを覚える。
(4)男性らしさ、女性らしさとはどんなものかを覚える。
(5)読み書き算数の基礎技能を伸ばす。
(6)日常生活に必要な考えを身につける。

(7)良心、道徳、価値観を養う。
(8)個人としての自立を図る。
(9)社会集団や制度に対する心がまえを育てる。

これらの課題を眺めてみると、子どもの行動のパターンの移り変わりがよくわかります。発達課題を知っていれば、子どもの発達段階に合った子どもの育て方ができるようになります。

この章では、発達段階を小学校前期、同後期、中学校に分けて検討することにします。子どもを発達段階によってグループに分けると、どういう分け方をしても、必ず互いに重なり合うものであり、ある一つの分け方を選べば、その分け方に基づいた事例しか得られないことに注意しましょう。

小学校前期の子どもへの指導方法

小学校前期の子どもたちは、学校での生活や勉強についての自分の考えを、盛んにつくり上げている最中です。この段階でやる気を起こさせることは特に重要です。

というのは、生き方をゆがめる誤った考えを直すには、できるだけ早いうちにやる気を起こさせたほうが効果が大きいからです。学校での生活や勉強に関わる解釈力や判断力は、だいたいにおいてこの時期に発達します。

小学校前期の子どもは、やる気をくじかれると、すぐ劣等感や無力感を抱くようになります。勉強が進み、友だちができるのは、子どもが自分に自信を持っている場合です。

この段階の子どもを教える先生は、子どもの発達のパターンに合うように、教材の与え方のペースについて充分に気を配る必要があります。加えて、子どもの成長の度合いと、心理的欲求に通じていることも欠かせないことです。

事例…①

ビリーは他の子より小柄で、また幼い面を多く残している子です。四歳になるまでは、てんかんの発作をよく起こしました。ビリーは小学一年生になったのがうれしくてたまらず、土曜と日曜に学校へ来られないのを、とても残念がっています。

この子は、言いつけられた仕事は何でもよくやろうと努力するのですが、一人ではできず、手助けを必要とすることがしばしばあります。勉強のほうは、全然といっていいくらい分っていないようです。

ある日ビリーは、教室に備えつけの図書の中から、一冊の本をひっぱり出して、家へ持って帰ってもいいですかと聞いてきました。その本は、普通は持ち帰らせないものですし、ビリーに読んでみなさいとは、どうみたって勧められない本でしたが、私は、持って帰るのを許可しました。

しばらくしてから、ビリーは本を返しにきました。そして、その本を少し私に読んでみせてくれましたが、自分でもよく読めたといって大変喜んでいました。このことが役に立って、ビリーは自分に自信を持つようになり、成績もぐんと向上しました。

◆短評◆

ビリーは発育が遅れ、身体的にもハンディキャップがありました。また先生は、いろいろと手を尽くしたものの、やる気を完全にくじかれていたのかもしれません。しかし、ビリーは自分自身を信じていたし、先生に信頼されたことで、成功への道を歩き出すことができたわけです。

ここで重視しなければならないことは、この子が自分のやることを自分で選んだということです。この子には、こんなことはできるわけがないんだ、と頭から決めこまずに、なにはともあれやらせてみるという単純な方法が、やる気を起こさせるのに有効だったのです。実際にやらせてみることが、子どものやる気を育てる栄養となるのです。

子どもがやる気を起こすようになるかならないかは紙一重という場合も珍しくありません。先生は、子どもと絶えず接触している間に、やる気を起こさせたり、また、くじいたりしています。このことをまず、先生自身がしっかり自覚してほしいのです。それゆえ先生は、やる気を起こさせるような機会をなるべくたくさんつくり出し、広げることに力を入れるべきです。

次に述べる事例では、先生は、子どもとの簡単なやりとりの中で、子どもの答えのうちで正しい部分を認めてやり、それを手がかりにしてやる気を起こさせていますが、そうしないで、答えは間違っているとして、罰することもできたのです。

子どもの答えを採点するときは、正解の数に注意し、自分はできるんだという自信を持たせてやるべきです。この事例の先生は、失敗を指摘したり、非難したり、叱ったりすることはなく、刺激を与えてやっています。

事例…②

小学一年生のそのクラスでは、子どもたちが「S」ではじまる言葉を、大きな声で言ってごらんなさいと言われ、先生は子どもたちが言った言葉を黒板に書き出していました。

キャロルはうっかりして大声で「CITY」と叫んでいました。この言葉は「S」の音ではじまるが、「S」の字は使いません。先生はちょっと考えこんでから、やがて「S」と発音するけれども「C」と書く言葉と取り違えていると説明しました。

先生はキャロルに「考えすぎているね」と言い、それから、毎日「C」の文字ではじまって「S」と聞こえる単語を表にしてクラスのみんなに発表するように言いました。

こう言われてキャロルは、言葉とつづりに対する関心が高まり、やがてつづりがよくできる、と学校でも隣近所でも評判になりました。

◆短評◆

子どもは時おり、自分は大人たちの期待に応えられないのではないかといった気持ちになることがあります。つまり自分にはこの課題は手にあまるとか、重荷だと感じてしまうのです。そこで私たちは、子どもたちの現在の技能や実力をよく見きわめて、課題を与える必要があります。

次の話は、子どもにできるかできないかをよく見きわめて、できるところから課題をやらせて、子どもをマイナス状況からプラスの状況へと移した先生の姿をよく描いています。

事例…③

ロバートは、小学三年生にしては小柄な少年で、ブロック体の字は実にきれいに書けるが、筆記体の書き方を覚えるのに苦労しています。彼は、他の子どもたちがどんどん進んでいくのを見て、やる気をなくしてしまい、宿題をわざとブロック体で書いてきました。

私はロバートに、彼の書くブロック体は実に見事なものであること、ブロック体を練習したくらい長い時間をかけて、筆記体の練習のほうもがんばれば、きっと上手になれる、と筋道を立てて話しました。そしてなんとしてでもマスターしようという気になって、筆記体の練習をやりなさいと励ますと、ロバートの書き方は目に見えて上達しました。

さらに、彼の書いたものをみんなに見せたり、黒板にお知らせを書かせたりしたので、ロバートは一段とやる気を出しました。

◆短評◆

子どもに、持っている力をすべて発揮させるには、その子をクラスの中に完全に溶けこませるのが一番よい場合がしばしばあります。子どもの長所や、興味を持っていることを見つけ出し、彼の立場を有利にしておいて、クラスの中に溶けこませる、というふうにしてやれば、やる気を出すようになります。

思いきってやってみる勇気がないために、自分の本当の力が出せないで終わってしまう子どもが多いのです。

事例…④

フィリップは、新学期がはじまってだいぶたってから、小学校の一学年に転入してきました。読解力も充分だし、他の科目もできるのですが、恥ずかしがりやです。また体は大きいのですが、バランスがとれていません。そのため、走ったり、ボールを投げたりするのが、どうもうまくできないのです。だから彼は、自由時間になると、よく受け持ちの先生や体育の先生のところへ話をしにいきます。

ある日のこと、体育の先生がみんなにスカーフを配り、音楽が鳴っている間、スカーフを使って何でも自分の好きなことをしてよいと言い渡しました。これが、恥ずかしがり屋の少年の、芸術的な感覚を刺激しました。彼が即席でやった一連の面白い動きは、まるで蝶が飛んでいるかのようでした。

先生は音楽を止め、子どもたちに輪になって座るように命じました。そして、みんなのスカーフの使い方がとても面白かったとほめたあと、フィリップの踊りのことにも触れました。それから子どもたちに、もう一度やってみるように言いました。

もちろん、大勢の目がフィリップに注がれました。しかし彼は、自分が一人きりでやっているという気恥ずかしさを感じることなく、踊りながら顔を輝かせていました。

スカーフを回収したあとで、先生は次のように言いました。「フィリップが、とても素晴らしい踊りを見せてくれたから、今度はどんなゲームをやったらいいかをフィリップに聞いて、まず最初にフィリップにやってもらいましょう」

フィリップはうれしそうな表情で「消防車ごっこ」がいいと、すかさず言ってのけました。そして、自分が掛け声をかける役になって、元気よくやりだしました。

授業時間が終わったとき、彼は先生のところへ来て、「今日の体育、とても面白かったよ、先生」と言って帰りました。

◆短評◆

この先生は、子どもがほめてできそうなことに、偶然気がついたわけです。そして、その機会を逃さず、みんなの前でそれを発表させ、その子の持っているよさをさらに伸ばしたのです。

このように、子どもがやる気になり、グループ内の地位が高まりそうだとなると、心がまえや価値観もすぐ変わるものなのです。

事例…⑤

リチャードは、周囲の子どもに話しかけたり、冗談を言ったりして、教室の空気をいつも乱している厄介者です。図画の時間には、自分が描きはじめる前に、他の子たちの作品を見てまわります。上手な絵を描くことも多いのですが、最後の瞬間になって、絵の中の人物に長いタバコを持たせたり、はしか（麻疹）にかからせてしまったりします。周囲の子どもたちは、彼の絵を見てよく笑っていました。

ある日、映画を見て討論したあとで、その映画についての絵を描くことになりました。その映画は土地と水を扱ったものでした。リチャードは、頭に雪を頂いた山並みを背景に、湖の上をボートが進む美しい絵を描きました。

私は、それが特別よくできたと思ったので、リチャードをほめてやり、そして黒板にピンで留めてはどうかと言ってみました。リチャードは得意満面でした。それ以後、図画の時間になるとリチャードは、その時に見せた、構図と配色への心づかいを忘れないで、絵を描くようになりました。

◆短評◆

リチャードは、もともと自分は道化になるほか、クラスの中で出る幕がないと思いこんでいたのです。先生は、彼をまともなタイプの子に直してやる必要があると感じていました。そこで、たまたま絵を上手に描いたのに目をつけ、面目をほどこさせてやったわけです。

先生は、子どもに成功を味わわせるためには、多少は演出をしてもいいのです。この事例でも、子どものためになるようにと、状況を手際よく操作しています。

次にやるべきことは、リチャードが作品に示したアイデアがとても好評で、それで彼は認められたということを、リチャードにしっかりと確認させることです。

小学校後期の子どもへの指導方法

小学校後期に分類される子どもたちは、一般に成長のテンポが早い年ごろです。これは前思春期といわれるもので、自分のことは自分で決めたいという欲求が高まってくる年ごろです。

この段階の子どもを受け持つ先生は、望ましい行動や人間性の発達を促すのに、やる気を起こさせることが、非常に有効であることがわかるはずです。やる気を起こさせることで、学習態度をよくすることもできるのです。

次に述べるのも、先生が子どもの無力感や安心感や自信といったものに影響を与えられることを示した例です。

事例…①

ダニーは、学校ではどうもうまくふるまえません。うまくやれそうなことが、ほとんどないのです。

病気でしばらく休んだあと、学校へ行ってみたら、掲示板委員会の委員長に選ばれていました。このニュースを聞くなり、すぐ私のところへ飛んできて、こう言いました。「先生、僕に委員長なんて、できるわけがありません」

そこで、「掲示板を有効に活用するのに必要な三つの要件は何ですか」と尋ねてみました。「興味と、よいアイデアと、そして運営委員会です」と彼は答えました。それから、私たちは一緒になって、要件を一つ一つ検討していきました。そして最後に、「あなたなら、きっとうまくやれますよ」と強調しました。

彼が選んだ話題は、競走用自動車に関する本の展示でした。それが掲示板に出ると、彼は当然のことながら、とても誇らしげでした。生徒たちが批判的な評価を下しても、彼はいっこうに動じませんでした。

しかし、最も重要な出来事は、彼が展示した多くの本を、男の子たちがぱらぱらとページを繰ってみてから、もっといろいろなことを教えてもらいたい、と彼のところへやってきたときのダニーの満足げな表情です。

◆短評◆

ダニーは、自分自身についても、委員長としての才能についても、自信が持てなかったのです。先生は、とても簡単な方法で、その仕事に必要な要件を指摘し、彼の能力に絶大の信頼をおいていることを明らかにしました。先生から信頼されていることがはっきりわかったので、クラス内でのダニーの株は上がりました。

この事例は、やる気を起こさせるのは実に単純な手順でもできること、しかも、子どもの成長にとっては、それがとても大きな効果があることを、よく示しています。

事例…②

メリーは、クラスのみんなの前で話をするのを、とてもこわがります。それに、極端な恥ずかしがり屋です。家庭では、自分は何をやっても満足にできない子だと思いこまされていたし、何か言えば、必ず家の者に笑われ、あら探しをされました。

先生がとった方法は、彼女が二言、三言話しただけでも、心からほめてやることからはじまりました。間もなく、メリーには自信がわいてきました。劣等感は薄れ、自分にも、他の人にはないよさがあると思えるようになりました。

メリーには、彼女を注目し、理解してくれる人が必要だったのです。だから、そうしてくれる先生が現われると、以前ならとてもできないと思ってあきらめてしまうようなことさえも、自分から進んで積極的にやるようになりました。

◆短評◆

子どもが学校に入学するまでには、家庭、兄弟姉妹、隣近所といった環境の中でいろいろな経験を積み重ねて、育ってきていることに注意しなければなりません。

メリーの先生は、彼女の持っている無力感に気づき、メリーにできる、ほんのちょっとしたことを手がかりとして、無力感を取り除いていきました。先生から信頼されていることを知ったので、メリーは自分に対する考えを変えやすくなったのです。

やる気を起こさせるためには、過去のよくない情報が先生の耳に入っても、それを無視する勇気が必要です。子どもたちは、自分がやったさまざまな失敗を背負って、学校に入ってくることが多いのです。

こうした子どもたちの中には、先生から厄介な子として扱われることを望んでいる子もいます。事実、小学校後期の子どもの中には、読み方がさっぱりだめなため、学校での勉強がおおかた免除される子がたくさんいます。

そうなると、そういった子は人の邪魔になるようなことばかりを、誰はばかることなく、いつでもやれることになります。先生が、これはとても救いようがないと思いがちなタイプの子どもの例を、次に見てみましょう。

事例…③

私はもう、完全にお手上げでした。アーチーは本がまるで読めないのです。読めないまま小学五年生になったのです。今度もまた進級しそうにありません。

晩冬のころです。男の子も女の子も、理科の問題について話し合っていました。その中の一人が、ドアの呼び鈴の仕組みの実験にとりかかりました。実験に必要な材料は全部揃えてあったのですが、その子には、どうしても鳴らすことができませんでした。

アーチーが言いました。「先生、やらせて、僕にやらせて」「おやりなさい、アーチー。やり方は理科の教科書に書いてある通りよ」と言って、私は、彼が本を読めないのを承知で教科書を渡しました。

ところがなんと、ほどなく呼び鈴を鳴らすようになったのです。そこで、どうやって鳴らしたのか、みんなに発表するようにと言いました。アーチーの顔は、クリスマスツリーの電飾のようにぱっと明るくなりました。

私はアーチーに、こうも言えたわけです。「だめよ。教科書の説明が読めないでしょう」と。しかし、そうはしないで、アーチーが当然読めるものと思いこんでいるふうに、教科書を渡したのです。

実のところ、彼は他の生徒に教科書を渡して読んでもらったのです。私はそんなことは無視することにして、彼のやりとげたことをほめました。

その日の授業が全部終わったとき、アーチーに放課後少し残ってほしいと頼みました。そしてアーチーをそばへ呼び、図書室から借りてきておいた電気に関する本を見せて、その中に実験してみたいものがあるかどうか、探してごらんなさいと言いました。

アーチーは、その中から一冊の本を選びました。そこでアーチーに、その本を家に持って帰り、図形を勉強し、実験には何が必要で、それが学校にあるかどうかを調べるようにと話しました。

翌日彼が登校してきたとき、「アーチー、どうだった」と尋ねました。彼は心持ち気の弱そうな顔をして私を見ると、「あの、知らない単語がいくつかあるんです」と答えました。

彼もいくらかは単語を知っていたのです。私がいくつか教えてやり、その他は二人で考えてみました。このときはじめて、印刷された本がアーチーに理解できるものになったんだな、という思いがしました。

◆短評◆

この先生のやり方は、アーチーを受け持った前の同僚たちと、なんら変わるところがありませんでした。アーチーは、本の読めない子というレッテルを貼られてこの先生のクラスに移り、読むことはまったくの苦手だと先生に思いこまれていました。

多くの先生は、指導の効果が目に見えて上がる子どもたちに、どうしても注意を集中しがちです。アーチーを相手にしようにも、あまりにもやる気をなくしすぎていたのです。

通り一遍の生徒と先生という役割が、すっかり出来上がっていて、どちら側も事情が改善されるとは、ほとんど期待していませんでした。

この先生が、現状を打開できそうな機会をとらえた方法を、よく見てください。アーチーが実験をやってみたいと言ったとき、先生は時間の無駄使いだからやめなさい、などとは断じて言いませんでした。じっと我慢して、彼にやらせたのです。アーチーがやる気になっていたその機会を、決して逃そうとはしませんでした。

しかし、彼にやらせたとき、どうせだめだろうと決めつけていた予想が、目の前で覆されてしまいました。アーチーがベルを鳴らしたからです。先生は本当にびっくりしてしまいました。

子どもは、自分では「できない、できない」と言っていながら、とても上手にやってのけることがあります。そうしたことは珍しくないのですから、びっくりしてはいけません。

ところが残念なことに、学校は、こうしたことを実際にやってみせる機会を、子どもにいつも与えているとは限らないのです。

この先生はまた、この出来事を、たまたま具合よくいっただけなのだ、と軽く見ようとはしませんでした。手に入る材料を使って、次にどんな実験をさせるのが一番適当かを、時間をかけて探し出そうとしたのです。

アーチーが選んだ本は、彼には手に負えないものだったけれども、とにかくやってみました。そして、進歩への一歩が踏み出せたのです。

子どもの読解力をつけるのには、この他にも、体験発表という方法があります。子どもに自分の体験を話させ、教師がそれを書き取るという方法です。

読める単語の範囲を広げるためには、話の長い短いなど問題でないことは、すでにいくつかの実験で証明ずみです。子どもたちは、自分のつくったお話を書いたものならば、よく理解しながら読めるのです。

次の事例は、子どもが見事に自分を変えた特殊な場合ですが、ときには変化をもたらした原因が何なのかが、はっきりしないこともあります。

事例…④

ディックは小学五年生になるまで、ほとんど勉強らしい勉強はしませんでした。そのために、両親は途方に暮れていました。彼は何をする気にもならなかったのです。学校から帰れば、寝間着に着替えて寝るだけでした。

五年生になったディックのクラスの担任は男の先生で、こうした事情をよく知っていました。この先生は、ディックにも、与えられた課題を決められた日時までにやりとげることを期待し、他の生徒たちとまったく同じように扱うことにして授業を進めました。

「ディックは必ずやるだろう」と思っているかのように、この先生はふるまったのです。ディックはやがて、勉強をする気になり、友だちをつくり、クラスのみんなからも仲間として認められるようになりました。小学五年生の間に、彼は長足の進歩をとげたのです。

◆短評◆

この先生は、ディックの以前の失敗など問題にしませんでした。先生から勉強する子だと期待をかけられ、それ相応の扱いを受ければ、ディックも勉強するようになるだろうと、この先生は信じていたわけです。ディックを特別扱いしなかったので、ディックは間もなく、先生のやり方になじんだのだと思われます。

このような方法が、どの子どもにも有効だというわけではありません。この事例に見られる絶妙なところは、全体の雰囲気と、先生の基本的考え方です。

この先生は、子ども一人一人をよく知ろうと努力しています。そして、ディックの学習の成果が上がらないのは、精神に欠陥があるためでないことに納得がいったので、必ず勉強するようになると確信して事を運んだのです。

創造性に富んだ先生は、学習について問題を抱えている子どもを扱う場合、今までのやり方にこだわらないものです。先生だからといった立場などにとらわれずに、効果の上がるやり方を熱心に探します。

事例…⑤

ピーターは、両親が二か国語を話す家庭の子で、言葉の問題で苦労しています。読み方を習ってはいるのですが、いっこうに上達しません。

ある日、私の手伝いをするために放課後残ったとき、「スペイン語を少し教えてくれない」と彼に頼んでみました。ピーターは、わくわくするほど喜び、家に帰ると、このことを家の人たちにすっかり話しました。

私は多少スペイン語の心得もあり、それ以後お互いに教え合いっこしました。ピーターは、自分が使っているスペイン語を私に教えてくれ、私は英語の読み方を教えたのです。

◆短評◆

この先生は、ピーターにはスペイン語をしゃべれるという特技があるのを知って、本気でその子から教わりたがっているふうにふるまいました。こうして二人は、お互いに助け合うようになったわけです。

そのことから、またピーターにも、先生でさえ知らないことは教わるのだとわかったのです。したがって、ピーターの心の中では、先生に教えているという気持ちから、自分の考えが変わったのです。

先生にとって最も重要な仕事の一つは、一人一人の子どもの長所を充分知っておくことです。概して先生は、子どもの弱点を見つけて診断するのが上手です。しかし、子どもの長所がわかってくると、まったく新しい人間関係をつくり上げることができます。

次のビルの話は、先生がどのようにして、子どもの指導に成功したか、そうした成り行きをよく伝えています。

しかし、少し時間を割いて、子どもの興味を調べ、一人一人と簡単な面接をしている先生から見れば、次の事例は決して珍しいものではなく、むしろ、ごくありふれた話だということになるでしょう。

事例…⑥

ビルは同じ小学四年生のクラスの中では、平均よりずっと大柄な少年です。わざとみんなに触ったりして、うるさがられることをするので、生徒の間ではまったく人気がありません。学校では彼をテストした結果、知能指数はかなり高いことがわかりました。また、音楽に並はずれた才能があることもわかりました。

当然、勉強はよくできていいはずなのに、やることはいつもいい加減で、平均以下でした。彼が興味を持っていることといえば、作曲だけでした。

新学期がはじまって間もなく、クラスの子どもたちは、世界のさまざまな国に興味を持ちはじめ、ビルは各国の音楽について調べたいと自分から申し出ました。だんだん興味が乗ってきたとみえ、やがて、とても面白い資料をクラスに持ってくるようになりました。

そこで子どもたちは、この資料を他のクラスにも分けてやろうと思い立ちました。しかし、資料を贈呈するとなると、プレゼントにふさわしく整えなければなりません。そこで、クラスの子どもたちが自分たちの時間をつぶして取り組みました。ビルは、その仕事をすべてきちんとやってもらったので、自分の計画に沿って研究する時間の余裕が持てたのです。

◆短評◆

ビルは、多くの子どもたちと同じように、クラスになじめず、戸惑っていたわけです。そのために彼は、多方面に才能を発揮しようにも、それができませんでした。しかし、クラスの子どもたちに自分の特長を見せる機会がひとたび訪れると、引きつづいて他のいくつかの分野でも力を発揮するようになったわけです。

教室では、子どもたちが興味を持つことをいつも取り上げるわけにはいきませんが、教材が子どもに身近で重要なものであり、心から夢中になれるとき、学習はずっとスムーズに進むことを心得ておくべきです。

事例…⑦

キャシーは、知的な環境に欠けた家庭の子です。子どもが七人もいて、父親は誰が誰なのかわからないといったありさまです。キャシーの知能は普通であり、九歳で小学四年生です。

教わっている科目のうち、算数だけはどうも自信がなさそうでした。三年生のときの先生も、算数には問題があることを指摘するとともに、宿題を出されると、ふてくされることもたびたびあるということでした。

ある日、授業が終わったところで、キャシーに、黒板でテストをするから少し残りなさいと言い渡しました。彼女はこの作業が気に入ったらしく、答えが正しいのをほめられると、とても喜びました。

ほめてやるのが、キャシーにとって一番いい励ましになることがはっきりしたので、そのあとは、彼女の勉強ぶりを毎日観察して、正確な答えが続いたり、向上の跡が認められるときは、素早くそのことを言ってやりました。

彼女が特に喜んだのは、級友の算数の勉強を見てやるように言いつけられたときです。キャシーは次第に自信がわいてきて、その学年が終わるころまでには、算数の新しい問題にも、ためらわずに取り組むようになり、成績のほうも、他の科目の出来ばえと同じくらいになりました。

◆短評◆

一人の子どもに、ほんの少しばかり時間を注いでやることによって、大勢を相手の授業では、とうてい手に入らないような収穫を上げられることがよくあるものです。

キャシーは、心からほめられると素直に喜びました。しかし、この先生は、子どもの扱い方は終始一貫していなければならない、ということをわきまえていて、その後も毎日、彼女の勉強ぶりを続けて観察しました。

そして、キャシーの成績が向上し、それ相応の努力もしていることがわかると、他の子どもの手助けをさせました。このことで、キャシーの評価は一段と高まったわけです。

さらにまた、この事例から、二人の子どもたちを上手に組み合わせて勉強させると、お互いに相手の学力増進に役立つことがわかります。

中学生への指導方法

中学生は、扱いが難しいばかりでなく、その行動を理解するのも容易なことではありません。いやに静かにしているかと思えば、急に反抗的になったりするので、大人はほとほと当惑させられます。

中学生ともなれば子どもとも言えないし、かといって、私たちと同じ大人とも認めがたく、まったく中途半端な存在です。

この年ごろでは、同年配の仲間からの要求と、大人からの要求とが衝突し、それがますます激しくなるばかりで、その間の釣り合いがなかなかうまくとれないのです。

中学生ともなると、グループとのつながりを持つということが、以前よりはるかに重大な関心事になってきます。グループとのつながりを大切にしようとする気持ちと、親の子どもに対する希望とが衝突して、それがますます激しくなるので、親に背を向けようとさえするようになります。

この時期の少年は、大人が想像する以上に独立することにあこがれており、自分が独立する必要性を極端に強調することがよくあります。また、今までに見られないほど真剣に、家庭内の相談事や問題に、口を出したがったりもします。

この時期はまた、同性の仲間の役割が大変に重視されます。男の子たちは、少年として期待に応えられる行動をすることで頭がいっぱいだし、女の子たちは、お互いに認めてもらおうとひたすら努力します。

そして、自分自身と同じくらい大切な友人、あるいは自分が一目おくような友人が見つかったとき、彼らは少年期を終え青年になるのです。

次の事例では、少年が校長室に呼ばれたのをきっかけにして、今までの誤った考えを改めています。お説教や罰をもらう代わりに、自分のよさを知らされたからです。

事例…①

校長「君は理科が好きだと思っていたのに」
ロジャー「電気のことをやっていたときは、そうだったんですが。でも今やっているところは、教科書がよく読めないんです」
校長「先生の話すことをよく聞いていれば、人間の体の素晴らしい仕組みがよくわかったでしょうに」
ロジャー「先生が悪いんです。僕のこと嫌っているんです。ちょっとでも物音がすると、すぐに僕を教室から追い出すんです」

校長「あなたが静かにしていて、他の子の行儀が悪いときでも、先生はあなたのせいにしますか」
ロジャー「さあ、いや、いつもそうだっていうんじゃないんです。きっと、僕が本当はいけない子なんだ。先生たちは何もできない子は嫌いだから」
校長「先生の映写機の電球を、誰も取り替えられないときに、さっさとやってのけたのは、誰でしたかね」
ロジャー「あれは、簡単だったんです」
校長「拡声装置が壊れて、中学二年生が直せなくて困っていたとき、電球がゆるんでいるのを見つけたのは、誰でしたか」
ロジャー「あれは運がよかっただけです。揺すってみたら、音が出たんです」
校長「そういう幸運が、私たちにはいつもほしいのに、あなたはそれを持っているようですね。でもそれは、あなたにつきがあったからではなく、ロジャー、あなたが機械に強いからなんですよ。そして、世の中は、そういう人をたくさんほしがっているんですよ。さあ、今の理科の時間に何を習ったか、私に書いてみせてごらんなさい。そうしたら、授業が終わったとき、その図で先生をびっくりさせてあげられますよ」
ロジャーは循環系の図を書きました。そして、授業が終わったときに、それを先生に見せると、先生はとてもよく書けているとほめてくれました。
先生が子どもの長所をつかんで、そこに目をかけ、子どもも自分の長所に気づいたので、ロジャーの勉強はどんどん進むようになりました。

◆短評◆

ロジャーは自分がみんなよりも劣っていると思い、教室の中で、面倒ばかり起こしていました。しかし本当のところ、自分がうまくいかないのは先生のせいだと思い、授業中は、まったく非協力的になっていたわけです。

ここで興味深いのは、校長がロジャーを叱ることなく、話をよく聞こうとしたことです。そして、お互いに相手に敬意を払い合う空気を、会話している間に巧みにつくり出しています。

次に、ロジャーがみんなの役に立ったときのことを、時間をかけて、はっきりと説明しました。つまり、ロジャーをよい子だと評価したのです。ロジャーはすっかりやる気をなくしてしまっていたので、自分のやったことをほめられても、信用できなかったかもしれないのに、校長は、ロジャーが立派にやれることを示す例を、いくつも取り出してみせました。

そして最後に、ロジャーが教室に戻ってからも活躍できるように、彼の才能を利用して循環系の図を書かせるという心配りをしています。

子どもが「やる気を起こしてやってみたら上手にできた」という体験をするように、私たちが取り計らってやれば、子どもたちの心がまえを変えることができるのです。

事例…②

ラリーは、一三歳で中学二年生です。学年相当の資料を読みこなせないために、社会科の研究グループの委員になるのをいやがっていました。授業で、国連について勉強がはじまったとき、「委員になるとどぎまぎするばかりで、何の役にも立たないと思うから、委員にしないでほしい」と私に頼みこんできました。

しかし、ユネスコ（国連教育科学文化機関）や、ユニセフ（国連児童基金）などの活動を話し合っているときに話題となったテーマを絵に描いてみることに興味を持ち、また美術の仕事が好きなことを私は知っていました。

そこで、世界各国の子どもたちが、ユネスコなどの事業と関連して行なった活動を紹介した本で、小学五年生か六年生の読解力があればわかるものを数冊見つけてきました。そして、それを参考にして、国連の活動ぶりをパノラマふうに描かせてみました。

私はまた、「あなたなら、この仕事を立派にやれると思うから、きっとクラスの役に立つものがつくれると確信していますよ」と、話して聞かせました。

この課題がうまくできたので、ラリーは自信を取り戻し、みんなから認められるようになりました。それだけでなく「自分も読む力を伸ばせそうだ」と、自信がわいてきたのです。

◆短評◆

ラリーには不得意な科目があり、それがしこりになって、グループの中で対等にやっていけませんでした。彼は、自分がみんなの役に立たず、それで仲間に入れないと思っていたのです。

ここでもまた、先生は、まず彼の能力と長所と興味とを確認することから、第一歩を踏み出しています。また、彼の学力に合っていて、成功が見こめる教材を用意しました。

次に、成功すること間違いなしという課題を彼にやらせました。つまり、ためらうことなくラリーに、彼を信頼している態度を見せたわけです。

ラリーはこのときから読み方が上手になり、グループの中でも地位を得て、成功への道に踏み出したのです。ラリーも今では、自分の力を振るえるようになって、自信もわいてきました。

事例…③

一三歳のケネスが、百分率の問題を理解し、計算ができるようになるには、少し特訓する必要がありました。しかし、私がはじめて特別授業をしたとき、ケネスはまったく協力してくれないので、正直のところ、あまり愉快ではありませんでした。

四、五日たったとき、彼は飛行速度と高度が計れる計器の使い方について質問してきました。以前から、飛行機がどうして飛ぶのかをとても知りたがっていて、そうした技術のことを書いた本を読んでもいました。

彼のこの興味のことで、ふと思いついたことがありました。ケネスが百分率で手こずっているのは、問題が文章で書かれている時のようでしたので、私は問題を書き直し、飛行機の飛行速度と高度とを使い、その途中に計器の機能も少しからませた問題を、いくつかやらせてみました。

二度目の特別授業のときはとても熱心で、予定していた時間よりずっと長い時間をかけて一緒に勉強しました。ケネスは次第にできるようになったので、ほめてあげました。

確かに私のつくった問題は、応用問題としては、教科書に出ているほどは実用的でなかったようです。しかし、百分率の理解を深めるには、確実に役立ちました。

◆短評◆

この事例は、子どものやる気の起こさせ方と、適切な改善方法を私たちに教えてくれます。

ケネスは、最初は非協力的でした。もちろん、彼はそうするのが自分の役柄であり、自分の分相応のことだと信じていたのです。

この先生もまた、子どもの興味を調べることから問題の解決に着手しました。第二の手段として、ケネスの興味に合わせて問題をつくり直しました。これは、ケネスには見どころがあると思い、彼を信頼したことを示しています。その信頼があったからこそ、ケネスの努力を掛け値なしに認めてやれたのです。

しかし、この先生は、とった方法が大成功だったにもかかわらず、自分が書き直した問題を、教科書のそれと比べて疑問に感じていました。これは、一途に教育に打ちこんでいる先生の姿として、なかなか興味深いようです。

この先生は、自分でもやる気を起こし、信念を持って子どもの指導をしたことで、得るところがあったことでしょう。

事例…④

地理の勉強のとき、州とその州都について習うことになりました。そして、そのまとめとして、州と州都をつきあわせるテストをやりました。

ゲリーは、この勉強をしているあいだ中、まるっきり興味を示さず、テストのとき、正解が書けないまま答案用紙を持って私の机のところに来ると、こう言いました。「できてもできなくてもいいいんだよ。こんなまったく馬鹿げた問題なんかはね」。私は、この言葉には答えないでおきました。

数日後の美術の時間に、私はこう提案しました。「絵の具でアメリカの地図を描いて、そこに州の境界線と州都を描き入れてみたらどう」。ゲリーが地図を描きながら、地理の教科書を熱心に調べているのに気がつきました。

彼が地図を描き終えて持ってきたとき、私はこう言いました。「まあ、なんてよくできたんでしょう、ゲリー。一生懸命にがんばったのね」

それから二日たった放課後のこと、彼は私を呼び止めて言いました。「あの地図を描くの、本当に面白かったよ。先生、どの州でもいいから言ってみて。僕、その州都を当ててみせるから」。そして、本当に彼は当てたのです。

◆短評◆

地理の時間、ゲリーは、特に州とその州都の学習に、あからさまに抵抗しました。わざと先生に挑戦したのです。面白いのは、この先生が、ゲリーの言葉に対して命令するとか、すぐにやり返したりしなかったことです。その代わりに、ゲリーの好きなようにさせました。

問題を抱えているのはゲリー自身であって、決して先生ではない、という心がまえからです。作品が出来上がるのを待って、ゲリーの努力を認めてやり、新しい人間関係をつくり上げました。その結果は大成功でした。それは明らかに、力と圧迫によっては絶対に生み出せないような性質のものなのです。

第8章

グループを上手に活用する方法

これまでは、主として大人が子どもにやる気を起こさせる側面を取り上げてきました。その際とりわけ強調したことは、その子がグループの中でどんな地位を占めているか、この点に注目することが最も重要であるということでした。

そして、子どもの行動には社会的意味があること、子どもの行動は環境全体と関係づけて評価すること、子どもはグループの一員でありたいという基本的欲求を持っていることなどを述べてきました。

このように考えてくると、次には、子どもを意欲づけたり、子どもにやる気を起こさせたりするには、グループはどのような役割を果たすのかを考察する必要があります。

グループにはどんな役割があるのか

子どもは、グループの中で生活し、成長し、能力を発達させ、そして適応力を育てていきます。子どもは家庭というグループの中で最初の人生観をつくり上げ、またそれを試すことになります。また子どもは、家庭内での自分の役割を覚え、他の人との接し方を上達させるのです。

家族が、子どもの成長にとって常に重要な役割を果たしていることは確かですが、最近の社会的風潮としては、同年齢層の友人のグループの影響力が、これまでになく強まっています。社会が民主化されるにつれて、同じ年ごろの仲間というものは、子どもにとって、ますます大きな意味を持つようになってきました。

子どもが、仲間から認められることを、どれほど気にしているかを知るには、その子が自由に遊んでいるところを観察するだけで充分です。

子どもにとって、仲間から認められることは、先生から認められることよりも重要なのです。また子どもが、自分の家庭の決まりよりも仲間の考えや指図のほうに従おうとして、一生懸命になるのは珍しいことではありません。

子どもが何かしようとするときは、それによってグループの中の自分の地位が、有利になるかそれとも不利になるかをまず考えます。子どもは、そうしたうえで、あるいは思いとどまったり、あるいは実行したりするのです。

同じ指図でも大人から出されると、簡単には受け入れようとしないのに、仲間からの場合は喜んでそれに従うのです。つまり、グループの「おきて」のようなものが、子どもの社会の中にはあるのです。

有能な先生は、このグループの「おきて」を上手に活用して、子どもに社会的に見て望ましい道を歩かせるような指導法をとります。

先生が持つべき基本的な技術の一つは、どの子どもにも、社会的に見て正しいと思われる価値観を持たせることです。子どもは、グループに所属しているという充実感が味わえる価値観なら、きわめてすんなりと受け入れます。このように、グループは子どもを変化させたり、協力させたりする仲介者の役割を果たしているのです。

どんなグループにも、それぞれ特有の性格があります。その現われ方はいろいろですが、とりわけグループが先生の味方か敵か、反抗的か友好的か、教育されるのを望んでいるか、いやがっているか、派閥に分かれているか、統一がとれているか、といった形をとって現われますから、よく注意すれば気づくはずです。

グループの力を借りて、子どもの社会的適応を促進させようとするときは、成り行きに任せるよりも、先生が前もって計画を立てておくほうが効果があります。いずれにせよ、子どもの成長にとってグループが強い影響力を持つことは確かです。

そこで、グループの影響が社会的に好ましい方向に出てくるように働きかけるか、それともグループ精神の成り行きに任せて放任しておくか、このどちらかを選ぶかは先生の考え次第です。

グループの目標や目的とはどんなものか

話を進める都合で、グループの目標を、①建設的なものと、②破壊的なもの、の二つに分けてみることにします。

学校内の問題児が問題児であるゆえんは、彼らのほとんどが、破壊的なことに目標を絞っているからです。自分たちの目標を、社会的に見て望ましくない行動をすることに切り替えてしまっているのです。

したがって、周囲の人に対する関心は低く、正常な子どもたちと反対の心がまえをしている子どもたちとだけ、つきあうようになります。

先生が、このような反社会的な目的を目指しているグループを相手にするときは、まずそのグループの目的は何か、行動のねらいは何かをはっきりさせる必要があります。

グループが掲げる目的は、グループ内の協調性を高めることに重点をおいている場合が多いようです。有能な先生は、子どもがグループ内で満足のいく地位にありつきたがっていることをいち早く察知し、子どもたちがその必要に迫られているのを、上手に活用して指導に役立てます。

その方法は、その子にもできる作業であって、しかも、その作業をすることで、教室内の活動に協力したいという実績を上げられることを選び、実行させるのです。

子どもの社会的関心は、グループ内で伸ばすことができます。グループに入っていれば、他人への心づかいや他人と妥協することを、いろいろな機会に覚えるようになります。

先生が、子どもの社会的関心の有無と、その子の精神衛生との間に深い関連があることをのみこめれば、子どもの社会的関心を強めてやろうと思うようになるに違いありません。

グループは、どんなグループでも、さまざまな対人関係から成り立っています。多くの研究で明らかになったことは、子どもが物事を上手にできない主な原因は、その仕事に必要な技能が不足しているためではなく、グループにうまく適応できないためであるということです。

社会的適応の教え方としては、実際にグループ活動の中へ子どもを引き入れて、そこで教えるのが最もよいやり方です。

自分という人間を理解するには、グループの中にいたほうがよく理解できるものです。自分を認識することが、グループのもう一つの目的なのです。

人間は、周囲の人が自分の行動に示した反応を読み取り、それを取捨選択して、自分の心がまえの修正に役立てます。こうして自分に対する考えをつくり上げていくのです。

グループというものは、メンバーに共通した問題を解決することに努めねばならないし、こうした問題は、グループ自身で選択するとともに、グループの子どもたち全員が、責任感を強めるのによい機会となるものでなければならないのです。

それゆえ、こうした立派な機能を果たしているグループの場合は、リーダーにもやる気がわいてきて、具体的な目標や目的を設けることに張りあいが出てきます。

リーダーは、「人は社会の中に住んでおり、そして、社会の中で成長するものである」という見地に立って、この考えの枠の中で活動するのですから、グループの目標をより高いものへと育てることの必要性を痛感するようになります。

グループのリーダーとしての先生の役割

教員養成教育では、子どもの個人差を尊重することを、かなり力を入れて指導しています。そのために先生たちは、自分はグループ全体をも相手にするのだということを、ときとして忘れてしまいます。

先生は、グループを、自分の指導の役に立つように活用しなければなりません。グループを上手に活用することを忘れてしまうと、子ども一人一人を指導する場合でも、グループ全体を指導する場合でも、グループというものが邪魔になってくることに気づくはずです。

子どもたちが、最初は先生に対してよりも、他の子どもたちのほうに、はるかに強い結びつきを感じるのは当然なのです。「子どもたちにはグループと関わりあいたい気持ちがあるのだ」と先生が知ってさえいれば、子どもの指導に役立つようにグループを上手に活用することができます。

先生は、グループが一人一人の子どもたちに働きかけているさまざまな力がどんなものなのかを、よく知っておく必要があります。

一人一人の子どもの心の動きを理解することは、もちろん大切です。しかも、その子の属しているグループがその子にどんな働きかけをしているかを知ることによって、さらによく理解できるようになります。

先生はまた、グループ自体が内部と外部からの力によってどう変わるかということも、常に理解しておく必要があります。そのためには、教室内にある多くの小グループに精通することが不可欠です。

先生にとっては迷惑な行動であっても、グループ間の相互関係の面からみると、納得のいくことがしばしばあります。たとえば、子どもが騒がしくするのは、小グループから自分の存在を認めてもらいたくてするのです。

また、まったくやる気を失っている子どもは、自分がどのグループにも所属できそうになく、仲間づきあいをしてもらえる望みがないと思っているのです。

だとすれば、現にある小グループの間の相互関係に気づいていない先生は、グループ全体をうまく指導することなどできるわけがありません。その先生は、小グループの構造の特色を知らないために、問題によっては、指導の仕方が的はずれになってしまうでしょう。

小グループについての知識があれば、生徒一人一人とクラス全体の双方に対して、先生の影響力が行き渡るように、小グループの編成を変えることもできます。

そして、いったん先生が、クラス内の相互作用に敏感に対処できるようになると、クラスは教育目標を達成するために、非常に大きな助けになるものなのです。この知識を欠いていると、クラスは、先生が促進させようとしている進歩に抵抗することがあります。

教育目標を達成しようと急ぐあまり、先生がグループの相互関係を無視すると、クラスの子どもたちの協力が得られないどころか、反対に面倒を起こす子どもたちのほうに、協力させられてしまうはめになりかねません。

私たちは、クラスの子どもたちが、先生と相反する目的を求めて動いているような例を多く見てきています。特定のグループの、その特有の心の動きについての知識があれば、こんなことが起きないようにすることができます。

適切な社会的雰囲気がクラスの中に出来上がってしまえば、子どもたちはお互いに助け合うようになります。この雰囲気がないと、子どもたちの競争による悪い効果ばかりが現われてきます。

先生がその職を辞めさせられたり、また自ら辞めなければならないようなトラブルが起きる原因は、このような子どもの取り扱い方がからんでいます。こうした失敗は、グループの指導の仕方が不手際だったことに、直接関連することが多いのです。

教室内での問題は、子どもたちが自分たちで解決するように仕向けるべきです。生徒たちは、対人関係をよくすることがお互いの利益になるということがわかるにつれて、お互いに協力することにとても熱心になります。

よく組織された教室というのは、問題を処理する必要が出てくると、小グループが協力して解決に努力するような教室です。したがって、こうした問題解決の方式をとれば、子どもたちの関心を彼らがお互いに体験していることに集中させられると同時に、グループに所属したいという彼らの欲求をも満たしてやれます。

グループを活用して問題を処理しようとする場合には、グループのやろうとしていることを、全員に知らしめる能力のあるリーダーが必要になります。全員に知らせることによって、リーダーは子どもたちの反応を知り、それを問題処理に反映させられるのです。

子どもたちが、グループの発展にとって不利になるような行動をしているときには、子どもたちにそのことを知らしめ、反省するように仕向けなければなりません。行動のねらいをはっきりさせ、より適切な解決を図れるように機会を与えてやるべきです。

一つのグループを指導して効果が上がってくると、リーダーも仕事にやりがいを感じてきます。リーダーは、グループ全体に対しても、メンバー一人一人に対しても、よりいっそう身を入れて、やる気を起こさせようと努力するようになります。

そうなると、リーダーの励ましによって、グループ内の意思の疎通は一段とよくなります。ひとたび意思が通じ合うようになれば、子どもたちは、ごく自然に、共通の問題の解決に目を向けるようになるものです。

学校には、たいていどのクラスにも、みんなが賛成しているのに、いつも決まって反対するひねくれ者がいるものです。しかし、メンバーの間で意思が充分に通じ合っていれば、誰もが自分のグループの目標に愛着を持ちはじめるようになります。

先生は、子どもたちから出された意見が、グループ全体を代表しているのかどうかを判断するためには、従来の方法にこだわらず、積極的に新しい方法を考え出し、それを実行してみることが必要です。

グループの団結力を高めようとしても、はじめから順調にいくことはありませんから、まず、子どもたち全員の気持ちをまとめることに努力を集中することが大切です。そうしないと、敵意を持った子どもたちだけが強く結合することになってしまいます。

先生の教え方に反抗する子どもたちは、団結力の強いグループをつくり上げる能力の点では、先生よりも優れています。彼らは、この団結力によって先生に抵抗するのです。

このように考えていきますと、先生には、すべての子どもたちの成長を助けるために、グループの力を活用する責任があるのです。

子どもたちが無気力な生徒となるのは、グループと調子が合わなかったとか、グループ内で自分の地位を築くときにまずい方法を使ったとか、ただそれだけのための場合が多いのです。

先生が、子どもたちとグループとのこうした相互関係に気づきさえすれば、受け持っている子どもも全員の利益になるように、相互関係を利用できるのです。

事例…①

七歳で小学二年生になるスージーは、人種差別をしないこの学校に通っている、数人の黒人生徒の一人です。彼女のユーモアのセンスは天下一品で、学力は平均以上で、特に読解力には優れています。

しかし、家庭がとても貧しいので、身なりがみすぼらしく、白人の子ども二人が絶えず彼女をあざけったり、悪口を言ったりして、いやがらせをしていました。そのせいで、とうとうスージーは、グループ活動にはまったく参加しなくなってしまいました。

その白人の子どもたちにも実は問題があるのに、私は気づいていました。それよりもまず心配なのはスージーのほうでした。おりを見てスージーに、みんなが彼女のユーモアのある解説が聞けないのを寂しがっていると話しかけてみました。

また、彼女がグループ活動に復帰するきっかけをつくろうと思って、数日間、スージーをお話の係にして、子どもたちが家から持ってきた本を解説入りで読ませてみました。これによってクラス全体が、今までに彼女の話が聞けなくて、とても寂しかったことに気づいたのです。

そのあと、クラスの子どもたちは全員一致で、スージーをグループに引き戻そうとしているように見えました。やがて、スージーは自信を取り戻し、もとの活発で明るい子どもに返りました。

◆短評◆

観察の鋭い先生は、グループの中に緊張が生じると、それを決して見逃しません。この先生も、スージーがグループから完全に身を引いてしまったのを知りました。先生はスージーの長所を見つけ出し、彼女のグループへの復帰を促進させるために役立てました。

これによって、スージーがグループに素晴らしい貢献をしていたことが、クラスの子どもたちにわかったのです。先生の機敏な作戦が、スージーをグループにとってぜひいてほしい人にさせたのです。

事例…②

ディックは小学三年生で読解力があまりありませんし、言葉に気持ちを集中することが下手なため、一語一語につまずきながら、のろのろと進むのです。彼がのろいのは、まさしく集中力が欠けているためでした。

ある日、私はディックに「読むのが遅い子どもたちのグループを受け持って、その子たちが読むのを聞いていて、まずいところを直してやってくれないか」と頼みました。この方法が功を奏して、ディックは、言葉と話の筋に、気持ちを集中させることができるようになりました。

このほんのちょっとした励ましで、ディックは自分が人のためにしてやれるのだ、という自信がわいてきて、リーダーシップを自覚するようになり、以来、着実に読むのが上手になりました。

◆短評◆

この先生は、普通の先生ならとてもやりそうもない方法を使いました。勉強のできない子どもに、他の生徒を指導させたのです。私たちは、子どもに人の役に立つ機会を与えもしないで、しかもその力を発揮することを期待するといった場合があまりにも多いようです。この先生は、その手順を逆にして、まず先に、子どもにチャンスを与えたのです。

事例…③

ロナルドは、小学一年生を二度も繰り返しました。それ以来、新しい教室に入るときは、いつもこの評判のほうが先行しました。やっと小学五年生になったときもそうでした。知能指数は七五、三年生のとき、てんかんの小発作を起こし治療を受けたことがあります。

ロナルドを受け持った先生たちは、読むことや、数についての基礎的な問題を教えることを、すっかりあきらめてしまいました。ロナルドは健康が回復し、薬も不要になりましたが、まったくやる気をなくしていて、自分の期待がはずれたり、叱られるたびに泣き叫んでいました。

しかし、ロナルドは簡単な引き算ならできたので、私は毎日、黒板で引き算の問題をやらせるように心がけました。彼は、この作業は楽しんでやりましたが、その他の勉強は少しも覚えようとしませんでした。

そこで、算数の本の中で、足し算、引き算、掛け算、割り算の基礎的な練習問題がたくさん出ているところをロナルドに見せて、彼がこれらの練習問題を一つずつ解いていくのを手伝いました。問題が、本に載っている順番通りでも、順番を逆にしても、ごた混ぜにしても、すっかり解けるまで計算を続けさせました。

やがて彼は、五年生なら四分間で解かねばならない足し算の問題を、時間内に全部、しかも間違いなく解けるようになりました。彼はもちろん喜びましたし、クラスのみんなもとても立派だとほめました。他の子どもたちの勉強を手伝ってやる機会も、やがてやってきました。

ロナルドは、それからは熱心に勉強するようになり、他の三種類の計算の必修問題にもパスできました。その学年の終わりまでに、二ケタの数の割り算、三ケタの数の掛け算もできるようになりました。

これらすべての成果は、私が彼を特別に教えて励ましたから、というだけで得られたのではなく、クラスのみんなの励ましで、ロナルドがやる気を起こしたからこそできたのです。

◆短評◆

ロナルドは勉強するようになったので、グループ内に新しい地位が得られました。ときとして子どもは、勉強のできないことを逆手にとって、自分の地位を築き上げようとすることがあります。この場合は、勉強のできないことがその子の役割になり、先生やグループから、あいつはできない子だと思われているという期待に背かないようにふるまうことになります。

しかし、この例では、先生がロナルドをできない子だと認めなかったので、彼はグループの中で新しい役割を果たせるようになったのです。つまり、ロナルドが力を伸ばすのをグループが手伝ったわけです。

グループ内の人間関係を図式化する

先生が、グループ内の人間関係を操ることによって、非常に重要な役割を演ずることができるのを、これまでに明らかにしてきました。ただ、これを上手にやろうとするならば、グループ内の人間関係を正確に知っていないとできません。

グループ内の人間関係を知る方法の一つに、「ソシオメトリー」という方法があります。ソシオメトリー（社会測定法）は、J・L・モレノという心理学者によって体系づけられたものです。特定のグループの構造を、図表（ソシオグラム）で表わすところに特徴があります。

生徒間の人間関係は、お互いの接触を通して感じとれるものですが、ソシオメトリーでは、子ども各自の立場を他の子どもと関係づけてとらえ、図表にしてはっきりと示すのです。

ソシオメトリーを使えば、グループのメンバーの特色と、あるメンバーが他のメンバーに対してどんな役割を果たしているかが見通せるようになります。

ソシオメトリーのデータは、子どもがある行動をするとき、同じグループの誰と一緒にやりたいかを質問して集めます。

そのとき質問する事項は、日常の教室内での活動の中から選ぶべきです。つまり、近くに座るとか、一緒に作業するとか、クラスの計画に一緒に参加するとか、あるいは一緒に遊ぶといったことを質問すべきです。

この方法は、子どもたちが、日ごろ人を選ぶことに慣れている雰囲気の教室では、非常に効果が上がることは明らかです。

ソシオメトリーの質問を行なったあとは、子どもたちが自分の選んだ相手と一緒に行動できるように、取り計らってやらないといけません。質問の結果は発表しないでおき、先生が個々の生徒やグループの指導のために利用すべきです。

また、この結果によって、先生は、みんなから選ばれる回数が多い人気者の子ども、グループ内で孤立している子ども、そして、クラスの中にどんな小グループがあるか、などを知ることもできます。

ソシオメトリーのデータは、先生がグループの構造を診断したり、また、グループや小グループの性格を変えることが必要だと判断した場合に、適切な改善策を考え出すのにも役立つものです。その他、グループ内の好ましくない勢力をはっきりと浮かび上がらせるためにも、よく利用されています。

こうしたテストをすれば、先生が目指している教育目標に反抗する生徒たちの中で、誰が中心人物なのかがわかり、彼らを分離して勢力の分散を図ることもできます。もちろん、クラス内の協力的な子どもを見つけ出すこともできます。

このようにして、孤立した子どもたちを協力的なグループに溶けこませる手がかりが、ソシオメトリーによって与えられるのです。

もし先生が、みんなからのけ者にされている子どもがいるのを知り、また同時に、その子どもが好んで選ぶ相手を知っていれば、そういう生徒に活躍できるグループを見つけてやれます。

孤立した子どもの特殊な技能や長所を知っており、それを上手に活用できれば、グループ内の立場を有利にして、社会的地位を高めてやることもできます。

先生が、ソシオメトリー的な情報を持っていないと、グループ内の人間関係にも気がつかず、グループ内に好ましい社会的関係を育てることができないばかりか、好ましい関係をつくる妨げともなります。

グループ全体の的確な構図を知っていれば、子ども同士の結びつき方を利用して、グループの士気を高めることもできます。行き当たりばったりに、子どもたちの社会的関係を断ち切ると、グループの調和は壊滅的な打撃を受けることになります。

グループの中で子どもが占める地位は、その子がグループで活動できるかどうか、きわめて重要な意味を持っています。「自分はグループに所属していない」という気持ちがあると、劣等感が生まれ、その子は社会的関心や、協力したいという熱意がなくなってしまいます。

グループの機能を巧みに活用する先生は、子どもの成長を助けるだけでなく、自分自身の目的を達成するために、都合のよい条件をつくり出しています。

ソシオメトリーを使うと、グループ内の人間関係の様子がよくわかるように思うかもしれませんが、そうとばかりはいえない面もあります。というのは、お気に入りの子どもに対しては評価を甘くし、それほど好きでない子どもに対しては評価を厳しくするということが、どうしても起こるからです。

子どもたちの中には、グループとの関係を極端に気にする子がいますが、こうした子どもを「生まれつきのものだ」などと決めつけてしまってはいけません。グループを組織するために必要な情報が、ソシオメトリーのデータによって得られることを覚えておいてほしいものです。

グループをまとめる指導力

先生が成果を上げられるかどうかの決め手になるのは、クラスの子どもたちの気持ちを掌握し、彼らを共通の目的に向かって努力させる指導力です。グループを団結させる能力を持つほどの先生なら、グループ全体を勉強に励むようにさせる雰囲気づくりも、たいていはうまくいくはずです。子どもたちが、共通の目的を目指すように指導され、欲求や心配ごとや興味を共に分かち合うようになれば、学習ははかどるものです。

しかしまた、グループにはグループの精神や性格があることを認めなければなりません。最も優秀な子や、最も手のかかる子ばかりに力を入れないで、子どもたち全員に目を向け、彼らが結びついたり離れたりして、動いている関係を知らなければならないのです。

また、教室の中に敵対する小グループが生まれてくる傾向もありますから、それを克服する必要があります。

小グループの特性を生かし、彼らに見合った方法で指導しようとするあまり、各グループ間の違いにこだわりすぎないよう気をつけなくてはいけません。小グループの違いばかりにこだわりすぎると、グループの士気は低下するだけです。

子どもたちの学習効果を上げるには、グループの雰囲気をよりいっそう民主化することが重要であることは、いろいろな研究によって指摘されている通りです。

指導の計画を立て、それを実行しようとする場合には、グループの雰囲気がことのほか大きな働きをします。グループの中がまとまっていないと、仕事が中断したり、話し合いが混乱したり、はかどるはずの勉強が、遅々として進まなかったりしかねません。

マクリアリーという人の説によると、グループが欲求不満に陥ったようなとき、まとまりの悪いグループよりも、人の和がとれているグループのほうが、グループとしての活動をずっと粘り強く続けるということです。

グループをまとめるためには、グループ全体としての意図や価値観を子どもたちに共有させることに、努力の焦点を合わせなくてはいけません。グループの士気が高まれば、先生の努力に対する子どもたちの反抗は、自然になくなっていきます。

グループの士気はまた、グループ内の意思の疎通を図ることによっても高められます。その意味でグループ全体による討議は、参加者に満足感を与え、教育目的の達成に役立つ一方、子どもたちの社会的成熟を促すものとして、大いに奨励したいものです。

現代社会は、競争的な雰囲気が強く、なんとかして自分の地位を守ろうと懸命になっている子どもが多いだけに、先生は、競争心とは逆の協調性に富んだグループ精神を育てることに努めなければなりません。

グループに参加した子どもたちに、参加してよかったと思わせるように指導すべきです。グループ内では、相互に依存しあっていることを子どもが知るようになれば、グループに貢献することによって、自分に値打ちが出てくることに気づくはずです。みんながグループに貢献すれば、グループの機能はさらに高まり、個々人の成長もまた促進されるのです。

グループをまとめるには、グループの問題解決にメンバー全員の協力を求める方法もあります。メンバー一人一人が、お互いに責任感を高め合うようにさせることも、リーダーとしての先生の重要な仕事なのです。

あちこちでよく見かける、子どもの厄介な行動は、誤った仮説に基づいて生まれるか、あるいはグループとの関係がうまくいかないために起こるかのどちらかです。

事例…④

私の幼稚園に、体のとても小さな子がいました。じっと静かに座っていることがまったくできない子でした。面倒を見てやろうとしたり注意したりすると激しく反発し、いつまでもはた迷惑なふるまいを繰り返していました。

私は、そんな彼をグループから引き離したり、一人で好きなようにさせたり、逆にグループのみんなと一緒に行動させたり、あるいはまた「邪魔をしないで静かにしていなさい」と厳しく命じたりしました。

ある日、その子の、いつものそわそわした動きが一段と激しくなったとき、ドーナツを子どもたちに渡す役目を言いつけてみました。この役目は、普通は、特に行儀のよかった子どもだけに与えられる特権なのです。

彼はにこにこしながら、しかも静かに立ったまま、もらいにくる子どもたちにドーナツを渡しました。
このことがとてもうれしかったとみえて、効果はあとあとまで続きました。彼の行動は静かで、しかも協調的になり、グループ活動にも進んで参加するようになりました。

◆短評◆

子どもの扱いには、新機軸を出してやってみる必要があることを、この事例は教えています。この先生はまず、まったく型通りに間違った方法を一通り全部やってみました。しかし、それから本当に突然、効果的な方法を思いついたのです。

この事例はまた、何をやってもだめだと思っている先生に、新しい方法を試してみる勇気を与えてくれます。子どもに、グループ内で今まで経験したことのない役割を持たせることによって、その子の行動が一変しました。つまり、グループが子どもの変化を生むために、ひと役買ったのです。

事例…⑤

ビリーは、学校では何をやっても他の子どもたちのように上手にやれません。そのため、みんなに対して気遅れしています。しかし、学校ではこうした気分とは裏腹に、目立とうとして曲芸をやったり、クラスの空気をかき乱すような馬鹿げたことを言ったりしていました。
こうした様子を見て、私はビリーに、なんとかして自信を持たせ、クラスのみんなにとって大事な人間なのだと思わせてやろうとしました。

そこでまず、彼には無理な責任を持たせないようにしました。室内での仕事は、ビリーがやってのけられるかどうかを確かめたうえでやらせるようにし、仕事が終わると「念を入れてよくやったね」とほめるようにしました。

ビリーは、自分にも責任のある仕事が与えられ、仕事が終わるとほめられるようになってからは、他の子どもの手伝いを自分から進んでするようになりました。

学校の食堂では、上手に食べられない子どもの世話まで焼くようになりました。黒板の掃除係になっている男の子たちには、縞模様を残さないように字を消すこつを教えたりしました。

やがてクラスのみんなから、名誉ある生徒委員に選ばれ、ビリーは一段とやる気を起こしました。生徒委員会がクラスの重要な方針を決めるとき、ビリーは出席して意見を述べました。委員たちからは、とてもよい考えだとの評価を受けました。こうしてビリーは、立派な生徒だとみんなから尊敬されるようになったのです。

◆短評◆

この先生は、ビリーの悩みの原因に気がついていました。だから、ビリーがうまくやれるように環境を整えてやったのです。ビリーの日ごろの努力に応えて、他の子どもたちも彼に責任のある仕事を与えました。

グループ内での新しい役割を担うようになって、クラスの中での人間関係も変わってきました。

そして、ビリーが受け持つ責任が次第に大きくなると、その結果としてグループのみんなにも、お互いに責任を分かち合うことのよさが、よくわかってきたのです。

事例…⑥

ある中学校の女子生徒ばかり、五〇人ほどで編成しているコーラスグループの中で、エレンは道化役を買って出て人気を集めていました。

みんなを喜ばすためなら、どんなことでもやりかねませんでした。他の授業のときは行儀がよいのに、自由な雰囲気のある音楽室にくると、ついついおどけたことをしてしまうのです。

彼女は、音楽的才能にはたいそう恵まれていて、これまでも数えきれないくらい人前で歌った経験があります。ある金曜日に先生が、みんなのために誰か歌ってくれないかと頼んだときも、エレンは即座に応じました。

しかし、彼女がプロの歌手のようなしぐさで歌い出すと、その途端にクラス中が笑い出し、その笑い声は大きくなるばかりでした。エレンは歌うのをやめ、私の歌を聴きたくないのなら、私は歌いたくないと言って、席を立ってしまいました。そのあとで他の生徒が歌い、エレンほど上手ではありませんでしたが、盛大な拍手を浴びました。

先生はこのハプニングを通して、エレンにグループの仕打ちを理解させてやりたかったので、授業が終わり、みんなが教室を出て行くとき、彼女を呼び止めました。

エレンはとても悩んでいるようでしたので、なぜみんなが笑ったのか、その理由を知りたくないかと尋ねてみました。そして、エレンに向かって単刀直入に次のように言いました。

「もし、あなたがいつも道化役をやろうと思うなら、どんなときでも道化役としての扱いを受けるつもりでいなくてはね」

それ以後、この先生は二度とエレンに悩まされることはありませんでした。

◆短評◆
生徒に行動を改めるよう説得する絶好の機会をつかんで、それを有効に活用することは、先生の義務です。むろんこの先生は、エレンを諭すために、エレンに対するグループの反応を利用しようと計画を立てていたのではありません。

しかし、生徒たちが大笑いをしたとき、先生には、このハプニングはエレンを指導するのに活用できる、という勘がひらめいたのです。

グループから不愉快な扱いを受けたことと、先生の機転が役立って、エレンはみんなに認めてもらいたいなら、どうしなければならないのかがわかったのです。

グループ全員で話し合う

グループの全員で話し合うという、グループ討議は、教育上きわめて重要な技術の一つですから、先生は、ぜひとも、そのやり方を身につけなければなりません。

どんな問題でも、グループ全員で討議することによって、子どもたちに共通の課題となります。ですから、すべての先生が熟達していなければならない大事な技術なのです。

先生は、グループ討議を主宰することによって、他の方法では知りえない、個々の子どもについての知識を手に入れることができます。グループ討議をすると、グループのメンバー相互の関係も、はっきりと見定めることができるのです。

メンバー一人一人の、またグループ全体の心がまえを見きわめるのに、これ以上よい方法はたぶんないでしょう。グループ討議に参加することによって、子どもたちは自分で自分を理解する能力を開発することができます。それがとりもなおさず、彼らの成長を促すことにも役立つのです。

グループ討議は、日常の学習のうちに取り入れて、生徒に必ず経験させるべきです。正規の授業として計画を立て、定期的にスケジュールに組み入れるのがよい方法です。

この場合、グループ活動の効果を上げようとするなら、少なくとも週一回の討議が必要でしょう。とかく教室内では、いろいろと予想外の状況が発生しやすいもので、そうした問題の解決はグループ討議にかけるのが一番よい結果を生みます。

したがって、グループ討議をすることがグループのためになると思われる場合には、先生はためらわずに実行すべきです。

グループの中にひそんでいる問題をはっきりさせようと思ったら、グループ討議にかけるのが最も近道のようですし、グループ活動の動機を評価したり、子どもたちが問題の解決策を練るのを援助してやるのにも、グループ討議は役に立ちます。

子どもたちが、自分たちの問題を上手に討議できるようになれば、お互いの間の理解も深まっていきます。また、子どもたちは、グループ討議に参加し討議に熱中することによって、団結心も高まってきます。

子どもたちの行動を変えるためには、グループ討議のほうが個人指導によるよりもはるかに有効であることは、多くの先生たちが経験して知っていることです。

子どもの心がまえをつくり上げるには、グループの相互作用が非常に重要な役割を果たすことは間違いありません。

教室全体の空気が真に民主的であるときは、グループリーダーである先生の影響力は、大変に大きくなります。しかし、そうでない場合は、メンバーの問題処理のやり方や責任について先生が所見を述べても、子どもたちはそれは本音ではないと感じとるでしょう。

したがって先生は、子どもたちの意見が肯定的であれ否定的であれ、どしどし受け入れるべきです。といっても先生は、子どもたちにただ話し合いをさせるだけでなく、議論が原因の究明と問題の解決の両面へ発展するように、積極的に指導しなければなりません。

そのためには先生は、あまりあせらないで、子どもたちの間に生じる意見の相違を冷静に受け入れられるだけの、心のゆとりを持つことが必要となります。

第9章

やる気を妨げるものは何か

教育者として、あるいは先生として、あるいは親として、子どもたちにやる気を起こさせる必要のあることを認めない人はまずいません。しかし実際には、いろいろな方法でやる気を起こさせようとしてみたものの、どういうわけか失敗してしまい、しかもその失敗したことを知らないでいることがしばしばあるのです。

こうした人たちは、概して言えば、自分の気質や心がまえの内に、やる気を起こさせるのを妨げている途方もなく大きな障害物がひそんでいることに気づいていないのです。なかには、やる気の起こさせ方を知ってはいるものの、実際にやれるという自信が持てない人もいます。

子どもにやる気を起こさせようとするとき、それを邪魔する強い力は、その人の心の内に働くものです。それがどんなものなのかをこれから明らかにしたいと思います。

伝統的なやり方が邪魔をする

私たちの子どもの扱い方は、前にも指摘したように、伝統的な考え方に基づいています。そしてこの伝統なるものは、とても独裁的です。

伝統的な考え方によると、子どもが悪いことをしたり、失敗をしでかすのは、大人の命令を守らず、それに違反しているためであると考えられています。そして、命令や義務を課した権威者には、その違反は我慢ならないことなのです。

このような命令や義務によるやる気の起こさせ方は、ごく限られた狭い範囲にしか適用できません。やる気をくじかれて、すべてをあきらめてしまったような子どもは、素直でないとか、意地っぱりだとか見られて、厳しい罰が与えられたのです。

こうした伝統的なやり方を、私たちは長い間続けてきたために、子どもの失敗を見つけたり、面目を失わせたり、子どもに仕返しをしたり、恥をかかせたり、お説教をしたりすることはとても上手です。しかし、やる気を起こさせることには不向きで、下手なのです。

この伝統的な方法は、最も進歩的で民主的と思われるような先生にさえ残っています。報酬と罰による方式が時代遅れであることに気づいていないのは、その証拠です。しかしこのことは、大勢の人が口にしてきたことなのです。それにもかかわらず、いまだに多くの人は、子どもたちを感化するのには、力に頼らなくてはだめだと信じこんでいます。

子どもが悪いことをしたときには、「悪い点を指摘し」「教訓を垂れ」「繰り返し説明と忠告をすべき」であって、とにかく罰や報復を何も受けないで、こちらの目を「うまく逃れ」させてしまってはいけない、という立場をとっています。

そのうえ、こうした方法には教育的な価値があり、子どもを育てるのにも、しつけるのにも絶対に欠かせないものだと真面目に信じているのです。

現代社会の風潮にも問題がある

独裁的社会に必要だった強制や処罰といったものは、今日の民主主義社会では、ほとんどなくなりました。しかし、独裁的な伝統だけは依然として生きつづけています。

私たちは自由を手に入れたものの、服従する者が持つ奴隷根性からは今なお脱け出していません。服従する者に勝手なことをさせないためには、恐怖心を起こさせて抑えつけねばならないのだと、大人たちは思いこんでいるものですから、他の人、ことに子どもに対しては脅しの手を使って規制しようとするのです。

他人の面目を失わせたり、他人に恥をかかせたりする傾向は、競争という形をとって人と人との闘争が展開されている今の民主主義社会では、ますます激しくなっていくばかりです。そして競争は、競争相手が身近な人であればあるほど、死にもの狂いになるのです。

今の社会では、誰もが他の者から脅かされていると感じています。自分の名誉や地位が脅かされるやいなや、すぐさま相手に恥をかかせようとして反撃に移ります。

しかし実際には、誰もかれも気持ちが不安定で、絶えず誰かに脅かされていると思っているので、いつも受け身の姿勢をとる癖がついてしまっています。

そして、自分は結構うまくやっているのだ、という確信がどうしても持てないときは、他人の失敗や欠陥を利用して自分の自負心の支えにするのです。つまり、他人の失敗や欠陥に大変な興味を感じ、関心を持つのです。

しかし、こうした関心を持つのは、その人のために力を貸してやりたいという誠意や好意からではなく、優越感を味わいたいためであることには、誰も気づいていないのです。

信じられないことですが、どこの家でも家族の人たちがこうした態度をとるのが、当たり前のことになってしまっているのです。お互いに心から愛しあっていながら、一方では、自分の威信と自尊心とを保とうと競争しているのです。

この競争で犠牲になるのは、日ごろ抑えつけられているか、または少なくとも非難の目で見られている人なのです。ここでは勝つか負けるか、ただそれだけが問題なのです。相手が自分より優勢であるか、こちらが優勢なことを相手に見せつけるか、そのどちらかです。

この争いは、父親と母親、兄弟と姉妹、そして特に親と子の間で起きます。こうした状態になると、当然のことながら誰もが何らかの成果を上げようとしたり、自分の優越性の手がかりになるものを手に入れようと努力します。

優秀性や優越性を獲得できそうな実績は上げられないとわかると、すぐさまためらうことなく「脇道」へと方針を切り替えます。つまり、反抗することや失敗することに精を出して、地位や権力や優越性を求めるようになります。

　先生と生徒との間も、だいたいにおいてこのようなものです。生徒たちが先生に協力的な態度をとりつづけている間は、優越性や権力を求める争いは起こりません。しかし、受け持っているクラスの生徒から抵抗らしい抵抗を受けない先生は、まずいないでしょう。事実、大勢の先生は、彼らが持っている優越性、権力、管理監督権について、クラスの半数以上の生徒から挑戦を受けつづけています。

　先生と生徒とがお互いに反発しあい、双方とも使えそうな武器は手当たり次第に利用して、仕返しをしながらいがみあい、軽蔑しあっていることは珍しいことではありません。今や、どの家族でも、どの学校でも、世代間の闘いが激しく行なわれているのです。

　このような次第で、子どもたちは大人を打ち負かすのに、自分たちの欠陥を最大限に利用しています。したがって、大人がその欠陥に同情する気になれないのは驚くにあたりません。しかし、子どもたちが自分の欠陥や短所や無能力を親や先生に突きつけるのは、敵対意識の現われなのです。意図があってやっていることなのです。

　しかし、そのことがわかっている親や先生はほとんどいません。そのくせ大人たちは、子どもたちに脅かされていることを身にしみて感じています。やる気を起こさせようという気にはとうていなれず、じっと我慢していなければいけないと思いこんでいます。

　私たちは、情け容赦のない競争が行なわれている社会に住んでいます。こんな社会では、自分の仲間を「支持と援助を必要としている兄弟だ」とは考えるわけにいきません。また、お互いに親密でなければならないはずの人たちも、憎しみ合い、敵意を燃やしあいながら、自分自身の優越性を勝ち取ろうと、常軌を逸した競争をせざるを得ないのです。

こうした風潮のもとで、一方では一生懸命に子どもを抑えつけるようなことをしていながら、他方では、やる気を起こさせるようなことが、どうしてできるでしょうか。

家庭でも学校でも、お互いに「敵側」の短所がいつまでも続くことを心待ちにしているのですから、どうして相手に援助の手を差し伸べられましょうか。

子どもを扱う自信がない

自分自身の地位が危くなると、他の人にやる気を起こさせる力は、どうしても弱まることは確かです。したがって、人間は自分の能力に自信があり、自分の優秀さと地位に確信が持てるときでないと、他の人にやる気を起こさせることはできません。

では、やる気をくじかれればくじかれるほど、他の人にやる気を起こさせることができなくなるのかというと、そうとも言えないのです。それはむしろ特殊な場合に限られます。一般論としては通用しないのです。

人生に失望し敗北した先生が、子どもたちと友だちになり、うまくやっていくのはよくあることです。こうした先生は、自分の立場を達観するとともに、なお自分なりにやれる仕事があると確信しており、もはや優越性を主張する必要は感じていません。逆に有能で社会的に成功をおさめ、実力もやる気もあると見られている先生は、子どもたちを相手にする段になると、途方に暮れてしまうことが多いのです。

子どもたちは、先生の優越性がのみこめず、先生の自負心をしぼませ、彼を王座から引きずり下ろそうとします。すると今度は先生のほうでも、子どもたちを見下ろすことによって大人の優越性を守り抜こうとし、勇ましく闘いを挑むことになります。

言い換えると、今問題にしている「やる気を起こさせられるかどうか」は、子どもを扱う人に自信があるかどうかによります。自信がなければ、子どもたちの心をとらえることも、やる気を起こさせることもできはしないのです。

つまり悲観主義は、やる気を起こさせるのには絶対的な障害です。普通なら効果があることをやっても、悲観主義にとらわれてやったのでは成果は上がりません。

悲観主義もよくない

子どもにやる気を起こさせるのは、自分の能力と人間としての値打ちを、より深く自覚するように子どもを指導することです。そのためには、何よりもまず、その子の能力（潜在能力ではなく、現に今持っている力）を認めてやることです。

しかし、子どもの能力と長所を認めるためには、悲観主義的な考え方を持っていたのではできることではありません。

やっても無駄だと思いこんでいるような悲観主義の立場に立つ先生には、子どもの能力や長所を感じとることはとうていできません。さらに、こうした先生は、子どもが何をやってもよい結果は出ないと思っています。

人間は、自分の意識的あるいは無意識的な考えによってではなく、自分の期待によって動かされることのほうがずっと多いのです。悲観主義者は、自分の悲観的な期待はきっと当たるという確信を持って行動します。その結果、子どもを助けてやるどころか、かえって強情で反抗的にしてしまいます。

悲観主義が、今の大人たちの間では当たり前となり、大いに広まりつつあるのは、彼らが自分の子どもたちに打ち負かされたからです。こうした大人が子どもを育てるのですから、子どもはやる気をくじかれるはめになるのは当然です。

また、大人が子どもの欠陥や不適応を直そうと努力しても、効果が上がるどころか、欠点を増やす結果になることが多いのです。

家庭でも学校でも「子どもにやる気を起こさせよう」と、いろいろ手は尽くしていますが、なかなか成果が上がらないでいます。その最大の障害物の一つが、これまでの説明で明らかなように、悲観主義です。

親や先生が、子どもにやる気を起こさせようとするなら、その前にまず、自分の、根強い悲観主義を克服する必要があります。そして、悲観主義を克服しようと思うなら、まず自分が抱えている悲観主義はいったいどんなものなのか、よく検討してみなければなりません。

とかく私たちは、子どもの「失敗」に目を向けがちです。ほとんどの親や先生は、子どもがしでかす「失敗」を重視します。こうした心がまえをとっていたのでは、子どもにやる気を起こさせることは望めません。

失敗は悪いことだという意味が、あまりにも強調されすぎます。そのため、失敗を防ぐことに大変な努力が払われているのですが、効果はさっぱり上がっていません。

そんなことをするよりは「短所や失敗や過ちは誰にでもあることだと認め、一人一人の子どもが持っている『能力』を強調すべきなのだ」という、新しい考え方に立つことが必要です。

子どもたちの失敗や欠陥を、親や先生に対する侮辱であるとか、破滅への道を進んでいる証拠だとか見るようでは、子どもにやる気は起こりません。

そうした雰囲気の中では、子どもたちはやる気からますます遠ざかってしまいます。ましてや、やる気を起こさせることなど、まったく不可能であるといわねばなりません。

ほめることの誤解

世の中は、なかなか思うようにならないもので、善意と誠意とにあふれた親や先生が、子どもを認めている気持ちを、ほめ言葉を使って伝えてみても、その子に必要なやる気を充分に起こさせられないことがあります。

なるほど、ほめ言葉には、子どもにやる気を起こさせる効果があることは間違いありません。しかし、これまでに指摘したように、子どもが自分には能力がないと考えている限り、どんなに誠実なほめ言葉を言われても、それは自分には不当だと考えます。そうなれば、今述べたほめ言葉の効果はなくなります。

ほめるということは、長い目で見た場合、子どものやる気をくじくことにもなりかねません。なぜなら、子どもたちは、いつもほめられてばかりいると、本当によいことをしてほめられたのかどうかが、わからなくなってくるからです。

ほめるということは、褒美としての性質がとても強いのですが、褒美をもらった子が、その後どうなるかは予測できません。のちに有害な作用を残すことも指摘されています。

しかし、ほめることはやる気を起こさせるための一番単純なやり方ですから、すっかり捨ててしまうべきものでもありません。しかしまた、やる気を起こさせる唯一最大の手段として、これに頼りきるというのも、少し邪道だといわねばなりません。

子どもにやる気を起こさせるとは、子どもに自信を持たせることです。子どもに自信を持たせるには、グループに認められるようにしてやることです。

グループを無視したり、グループに潜在しているやる気を起こさせる力を利用しそこなうことは、子どもにやる気を起こさせるのに失敗する道につながります。しかも、こうした失敗は決して珍しくないのです。

このような観点に立てば、一人の子どもだけをほめることには問題があります。仲間の敵意を増し、ほめることによる効果を帳消しにしてしまいます。

不誠実な言動は見破られる

子どもに心の底からやる気を起こさせるには、適切な行動をとることが重要です。どういう場合にどういう行動をとったらよいかといったことは、学べば覚えられることです。しかし実は、何をするかということよりも、行動の質のほうが大切なのです。つまり、子どもがなるほどと思うような、そういう心のこもった行動をとらないと、やる気を起こさせることはできません。

不幸なことに、親や先生は、そうした行動をしていないことが多いものです。私たちが本当にその子どもを信じているのか、それとも見せかけにすぎないのか、また肩をたたくのは絶望している子どもに心から力を貸してやりたいと思ってそうしているのか、単なる見せかけなのか、といったことを子どもは的確に、しかも敏感に感じとるものなのです。

どんな「思いやりのある応対」をするのが適当なのかと、いろいろ論議されています。私たちは決まって愛や慈しみを口にします。しかし、それらは必ずしも必要なものでもありません。また、いつも期待できるものでもありません。それに愛や慈しみを持っていたとしても、やる気を起こさせる力があるという保証には決してならないのです。

なんとかしてやりたい、という心からの願い、それも感情的なものではなく、はっきりした意図を持った願いであることが、やる気を起こさせるための決定的な基盤なのです。

たとえば、子どもは面と向かって怒られても、この人は自分を助けてやろうと本当に心配していてくれているのだなと相手の気持ちの察しがつくと、喜んで従うのです。

私たちは形式主義、礼儀作法、行儀よさなどにこだわりすぎて、すべての人が、心の奥深くで人間的なものを求めていることを忘れているようです。

事実、子どもに害を与えはしまいかと心配するあまり、ありのままの自分をさらけ出すとか、誠実に行動するとか、善意の見せかけを全部振り捨てるとかいった勇気が出せないでいるのです。

同じような感情の現われでも、その人の持つ意図によって、破壊的な敵意を示すことにもなるし、建設的な効果を上げることにもなります。

たとえば、反抗的な行動をした子どもに対する仕返しが、抑えの利いたよそよそしい態度で行なわれようと、皮肉やからかいの形をとって行なわれようと、率直にかんしゃくを爆発させて行なわれようと、ただ大人の面目を保つのが目的だとしたら、たいした違いはありません。感情を爆発させることが害を与えるのではなく、その意図するものが有害なのです。

先生が、子どもを真心こめて助けようとしたのに、自分の意図がその子に信じてもらえないと知って、かんしゃくを起こしたような場合でも、子どもは、先生のがっかりした様子や、怒りの背後にある真の意図に気がつくと、先生の気持ちの真剣さがわかってくるのです。

こうした理由から、先生が「子どもを思う」激情を行動に表わすと、ほとんど信じられないような好ましい反応が、子どもたちから返ってくることがよくあります。

子どもでも大人でも同じことですが、相手の人が心配して、力になってやろうとしていることが理解できると、普通なら腹を立てるようなことを言われても、すんなりと受け入れられるものなのです。

先生のなかには、教育目標を早く達成し、成果を上げようと急ぐあまり、相手の立場を無視したり、ひたすら圧力を加えたり、また目的のためには不正な取引さえいとわないといった人もいます。先生は、あれこれと策略をもてあそんでいますが、策略を駆使するという点では、大人はとても子どもにはかないませんから、たちまち見破られてしまいます。

したがって、家庭や教室で大人と子どもが一緒に腰をすえて問題に取り組み、本当の考えや気持ちをお互いに話し合っているところはありません。あるいは、深い親密な人間関係を結んでいるといった姿はそこには見られません。そこにあるのは、大人の側が体裁をつくろった「善意」の雰囲気だけです。

そして善意は、実際は始末の悪いものです。うわべを飾っているにすぎないのだという罪悪感を持ちながら、うまいことを言ってその場をしのいでいる場合が多いのです。

これと対照的に、大人と子どもが双方とも率直で誠意がある場合には、どんなちょっとしたやりとりでも、子どもにやる気を起こさせることができます。

というのは、大人と子どもの両方に誠意がある場合は、大人と子どもは対等の立場で問題にぶつかっていくことができ、何をなすべきかをお互いに考え合うことができるからです。

また、親しいなかにも相手を尊重することもでき、善悪とか、優劣とか、成功とか失敗といったことはどちらにとってもあまり意味がなくなり、心を患わすこともなくなるからです。

それからまた、いったん起きたやる気がそのまま長続きしない最大の障害は、先生や親の側に、子どもたちと対等の立場に立って相互に関連のある問題や困難、そして敵意や失望を堂々と論じ合う覚悟ができていないことにあります。

こうしたことができれば、子どもは自分の能力を感じとり、自分が他人に影響を及ぼしていることを知り、自分の責任を引き受けられるまでに成長できるのです。こうなることが、子どもと大人の双方にとり、やる気を起こさせるための理想的な状態なのです。

障害を乗り越える努力を

現代の一般の人々の気性は、学校で子どもたちにやる気を起こさせることに、積極的に協力しょうという空気にはなっていません。

私たちは、自分に短所があることに罪悪感をおぼえて、あまりにもくよくよしすぎます。子どもに対する教育上の責任を果たすのに苦しんでいるのは、自分一人ではないということを、知っておく必要があります。

やる気を起こさせるということは、やさしいと見る人もいるでしょうし、難しくて失敗しそうだと弱音を吐く人もいるでしょう。

それはそれとして、私たちに大切なことは、真実を直視する意志を持つことであり、自分の能力や善意についてあまり希望的になりすぎないことです。

ところで、罪悪感とは、自分が持っていない善意の現われなのです。だから、罪の意識を持ったり、心に痛みを感じるときは、自分の本心がいったいどこにあるのかと自問自答してみることです。

やる気を起こさせるという指導法を普及させることは、私たち教育者すべてにとっての努力目標でなければなりません。今のところそれは、部分的成果しか上げていないというのが実情です。しかし、こうした事実に失望したり、また自分が失敗した生々しい体験にがっかりすることはありません。

成果がはかばかしくないのは、現代という時代のなせる、避けられない結果であると受けとめるのが賢明です。不完全であることを認める勇気は、成長するための前提条件です。自分の力以上のことをやろうとし、自分の失敗や欠点を素直に受け入れまいとすれば、悲観主義に陥り、士気をなくすのは避けられません。

しかし、わずかずつでも向上するのに満足し、ほんの少しの進歩でも喜ぶことができれば、そこで私たちは成長し、収穫も増やせるのです。

自分は子どもたちに、やる気を起こさせることができるのだと盲目的に仮定したりしないで、自分が使っているやり方が、真にやる気を起こさせることからどれほど遠いものであるかを見直すことから出発したほうがよいのです。

こう腹を決めてかかれば、そのあとは、私たち自身と、私たちが受け持っている子どもたちに、新しい体験の世界への扉を開いてやれるようになれます。そうすれば、やがて、教育環境に全面的な変化をもたらすことができます。

さて、ここできわめて重大な論点に直面することになります。確かに私たちは、教育の一端を担っているのですが、いつまでも犠牲者でありつづける必要はないはずです。

自分で自分の心がまえを変えることによって、普通の意味でのよい親、よい先生になることよりも、もっと素晴らしいことができるのです。やる気を起こさせる技術を向上させれば、まわりの社会も変えられるのです。

この意味で私たちは、大人と子どもの間に新しい人間関係を築くという、開拓者の立場に立っているのです。言い換えれば、子どもたちにやる気を起こさせるのが巧みになれば、彼らの欠点を直し、心身の成長を促進させるなどの援助をしてやれるのです。

しかし、そうすることで、実はもっと多くのことができるのです。つまり、教室の空気がすっかり変わってしまうので、子どもたちは勉強がしたくなり、面白くなります。だから、私たちが自分自身を伸ばそうとして励むことが、時代や社会全体に対する最大の貢献なのです。

私たちは教育者として、あるいは親として、あるいは先生として、社会の最大の宝である子どもたちを預かっています。

そして、今日当面している切実な問題は、子どもたちを有能で信頼できる人間に育ててあげられるか、それとも、若者自身が正しい指導と教育の権利を主張するようになるまで待たねばならないのか、ということです。

私たちは、罰や仕返し、あるいは失敗を重視するやり方から、自分の力を充分に発揮できずにいる子どもたちすべてに、やる気を起こさせるように教育の方法を変える力を身につければ、この問題は解決するものと考えています。

訳者あとがき

青少年が問題を起こしてメディアで報じられるたびに、世間では、「いったい、親はどんな育て方をしてきたのか」と非難の声を上げます。言うまでもなく、まず、第一に子ども、特に乳幼児、胎児も含めて、三歳までの子どもへの対応が非常に重要なのです。

大脳生理学の考え方によると、〇～三歳児は無意識で、すべての情報はそのまま脳の中にインプットされます。論理的な物の考え方ができる前の段階なので、善悪の判断ができません。ですから、そのような時期に、脳の神経細胞にマイナスの影響を与えるような情報を与えてはいけない、遺伝子がオフになってしまうといわれているのです。そのことをしっかりと認識する必要があります。

そこで、第二に重要なのが夫婦関係です。例えば、子ども、とりわけ三歳以下の子どもの前で夫婦喧嘩をしてはいけないと、昔から語り継がれてきています。夫婦喧嘩のような好ましくない情報を与えてしまうと、先に述べたように、子どもに後々マイナスの影響を及ぼすリスクが高まるからです。親の言動はもとより、テレビや絵本などを見せる場合にも、その内容に充分注意を払うことが重要です。

さらに、第三に一三～一五歳の中学生の頃に抽象概念、例えば哲学などを理解できないと、精神的に充分成長しきれなくなり、結果として青少年の問題を起こしかねません。またこの年頃に、生き方、人生における心の持ち方、すなわち心構え（attitudes）が決まるといえます。

なお、勇気づけ、やる気を育てることの重要さ、そして考え方の概略は本書で理解できたので、毎日の生活の中で、実際にこの考え方で子どもに対応できるようにしたい、もっと具体的に学んでみたいという、そんな方のために、「ＳＴＥＰ勇気づけセミナー」を紹介しておきます。

ＳＴＥＰとは、Systematic Training for Effective Parentingの略称です。ディンクメイヤー博士も開発者の一人として関わった、子どもをやる気のある責任感の強い人間に育てたいと願っている親や教育者に最適のトレーニングプログラムです。ＳＴＥＰ勇気づけセミナーは各地域で行なわれています。ご興味のある方は、左記までお気軽にお問い合わせください。

柳平　彬《さかん》

◎ＳＴＥＰ勇気づけセンター
グループダイナミックス研究所内　電話〇四四―五四一―二五〇五
ホームページ http://www.step-yuukiduke.com/

索引

著者紹介

ドン・ディンクメイヤー（Don Dinkmeyer 1924–2001）

相談心理学の専門家。新しい親子関係のあり方を追求し、効果的な子育てのための体系的な研修プログラムであるSTEPを共同開発。

ルドルフ・ドライカース（Rudolf Dreikurs 1987–1972）

精神科医。アルフレッド・アドラーの代表的後継者の一人。アメリカにおけるアドラー心理学のリーダーとしてシカゴにアドラー研究所を設立。

訳者紹介

柳平　彬（やなぎだいら・さかん）

グループダイナミックス研究所代表。人財啓育プランナーとして、STEPプログラムの日本での普及をディンクメイヤー博士とともに推進する。

子《こ》どもにやる気《き》を起《お》こさせる方法《ほうほう》

——アドラー学派《がくは》の実践的《じっせんてき》教育《きょういく》メソッド

二〇一七年二月二〇日　第一版第一刷発行

著　者　ドン・ディンクメイヤー、ルドルフ・ドライカース

訳　者　柳平　彬

発行者　矢部敬一

発行所　株式会社　創元社

〈本　社〉〒五四一-〇〇四七　大阪市中央区淡路町四-三-六　電話（〇六）六二三一-九〇一〇㈹

〈東京支店〉〒一六二-〇八二五　東京都新宿区神楽坂四-三　煉瓦塔ビル　電話（〇三）三二六九-一〇五一㈹

〈ホームページ〉http://www.sogensha.co.jp/

印刷　モリモト印刷　組版　はあどわあく

ISBN978-4-422-11629-7 C0011